BIZI,

O SÍMBOLO DA RAÇA JUVENTINA

LUCIANO UBIRAJARA NASSAR

BIZI,

O SÍMBOLO DA RAÇA JUVENTINA

EDITORA IDEIAS & LETRAS

Preparação e Revisão:
Pedro Paulo Rolim Assunção
Thalita de Paula

Diagramação:
Tatiana A. Crivellari

Capa:
Tatiane Santos de Oliveira

As fotos que ilustram o livro fazem parte dos acervos pessoais do autor e do biografado.

1ª impressão

EDITORA IDEIAS & LETRAS

Rua Barão de Itapetininga, 274
República - São Paulo/SP
Cep: 01042-000 – (11) 3862-4831
Televendas: 0800 777 6004
vendas@ideiaseletras.com.br
www.ideiaseletras.com.br

Dados Internacionais de Catalogação na Publicação (CIP)
de acordo com ISBD

Bizi, o símbolo da raça juventina/Luciano Ubirajara Nassar.
São Paulo: Ideias & Letras, 2020.
136 p.: il.; 16cm x 23cm.

ISBN: 978-85-5580-063-4

1. Biografia. 2. Futebol. 3. Juventus. 4. Bizi I. Título.

2019-1721 CDD 920
CDU 929

Elaborado por Vagner Rodolfo da Silva - CRB-8/9410

Índice para catálogo sistemático:
1. Biografia 920
2. Biografia 929

Dedico este livro com todo respeito e carinho para a minha amada e querida Nossa Senhora Aparecida.

Sumário

Prefácio	**9**
1. Dignidade e consciência	11
2. Infância e futebol	21
3. O presente do rei Pelé para o garoto Bizi	29
4. O querido e incomparável Juventus	35
5. O principal título da história do Juventus – Campeão da Taça de Prata de 1983	47
6. O amadurecimento no Rio Branco e no Barretos	57
7. A vitória inesquecível – Juventus 3x0 Corinthians	67
8. Os duelos com os pontas-direitas	73
9. Na África com o Juventus	83
10. O rei Humilde	91
11. Disputa pela posição lateral-esquerda do Juventus	97
12. Final de carreira no Juventus	103
13. Ituano, União de Mogi, técnico e professor de educação física	107
14. Perguntas e respostas	119

Prefácio

Escrever um livro, como eu sempre digo, é um ato sagrado. Executado com a alma, com o destino assoprando no espírito e principalmente com a certeza de que o legado do biografado pode e deve melhorar o planeta. O Brasil é o celeiro do mundo vivido e sentido, portanto, com missões literárias, simbólicas e espirituais. Eu escrevo cumprindo uma missão e essa certeza me orgulha muito, pois trabalhar a memória de um povo exige que o autor esteja conectado e voltado para a análise lúcida e sincera desta realidade. Entre o povo nascem as pérolas que com arte vão compondo um Brasil liberto, alegre e verdadeiro.

Escrever e pensar sobre o jogador de futebol profissional e grande cidadão Bizi engrandece a vida de qualquer ser humano, além de cumprir um papel educativo. Sim, escrever é educar a memória coletiva e individual de um país sobre os seus ídolos vivos ou mortos. Os vivos ressurgem como heróis e os mortos se mitificam. A história vai tecendo com seus fios de ouro a vida do seu povo. Uma música vai realizando a sua cadência e grandes valores são descobertos pelos novos tempos.

Escrever sobre este jogador de futebol e ser humano espetacular, que foi e sempre será o símbolo maior da raça e da fibra de uma agremiação tão querida e tradicional como o Juventus da Mooca, emociona e causa um sentimento de dever cumprido que carregarei pelo resto da vida.

Sua luta, sua trajetória, suas dores e alegrias fazem parte da grandiosa história do futebol brasileiro. Bizi, com a sua simplicidade e amor pelo esporte, é uma figura expoente e inesquecível.

***

Acredito que a escrita constrói um espaço novo, onde agregam-se disputas éticas e socializam-se sentimentos puros, evoluídos e criativos.

A verdade é o paraíso dos deuses. A verdade nos entrega um novo e colorido porvir com esperança, expectativas e sonhos que nos impulsionam para frente.

O futebol brasileiro é tão significativo e importante como o carnaval e as religiões, e preenche o ego do povo com o seu sentido lúdico e melodioso.

Futebol e religiosidade fazem parte de um mesmo sonho alado, com as suas identidades e raízes. O Brasil é catalizador desses momentos de ressignificação, e ilumina com os seus personagens bilhões de seres humanos.

Avante, Bizi, entra na história e mostra que com o brasileiro a vitória é mais especial e incontestável!

A história de Bizi é também a história de cada um de nós.

Boa leitura.

Luciano Ubirajara Nassar

1

Dignidade e consciência

A dignidade é um sentimento de solidariedade e preocupação com o outro.

A dignidade é o pensar na sociedade com extremo zelo, carinho e comprometimento. É estar e se posicionar no lugar do seu semelhante e conviver com as suas idiossincrasias. É compreender sem medir esforços, e não julgar aleatoriamente ou embasado em alguma máquina de manipulação de mentes.

A dignidade exige princípios de consideração e de responsabilidade. É teoria e prática.

A dignidade é a alma latente, um fruto do amor infindável e da educação aprimorada. Ser um modelo de dignidade exige um envolvimento com a alma eterna, que somente os fortes possuem.

A dignidade é andar de cabeça erguida e ser você mesmo.

A dignidade não conhece limites, pois o homem se perde com o seu desejo de poder. A força do poder desta palavra referencia e humaniza os seres humanos e as coisas. A vida seria um caos moral e ético sem a dignidade. Os seres humanos seriam taxados de loucos se não houvesse princípios reguladores da moral.

O poder que a dignidade tem em nossas vidas, nas transformações e no aprimoramento é assombroso. O homem precisa e necessita pensar sobre o que é certo e errado e se definir como ser humano. O simples ato de pensar nessa questão já é sinal de evolução e de crescimento. Nada na vida humana tem sentido e porquê sem a coerência dada pela dignidade.

O homem nasce bom e digno, enquanto a sociedade o maltrata e o influencia de forma nefasta? O homem já nasce com uma missão e com um destino predeterminado? A interferência do mundo espiritual é que vai escrevendo as suas sinas ou é uma simples questão de sorte? A criação familiar executada com amor e carinho também é um ponto fundamental?

Bizi, forte como o aço, é um modelo de dignidade e consciência ao longo da carreira esportiva e da vida. O seu destino foi predeterminado. A espiritualidade de Nossa Senhora Aparecida o abençoou. Sempre possuiu a sorte que acalanta os competentes, e seus pais eram maravilhosos.

A vitória chegou desde cedo pela dignidade latente em seu peito de guerreiro sensato e decente.

A dignidade tem em seu bojo uma relação envolvente com a espiritualidade, seja qual for a religião. O pensamento e a crença são instrumentos de evolução na passagem de qualquer ser humano pela Terra.

Quando a dignidade é pensada não se pode deixar de levar em consideração a questão da metafísica, da memória da infância e da leitura na vida das pessoas. Esses três pontos vão penetrando no conhecimento dos seres e fazendo-os aumentar a sua forma de processar a informação e de traduzi-la em autoconhecimento.

Em cada âmbito, situação e envolvimento de trabalho, a dignidade exige respostas convincentes e decisivas, principalmente por se estar lidando com seres humanos. Afinal, é no tratamento com o outro em que se percebe a postura digna de um homem. O modo de enfrentar as falhas e os erros de alguém comprova a dignidade e a flexibilidade do indivíduo.

A flexibilidade é um dos traços mais seguros e consistentes da tão comentada e difundida dignidade.

O amor em todas as suas possibilidades e realidades só existe pela dignidade no pensar, fazer, sonhar e desejar. A dignidade é a marca do povo brasileiro.

O Brasil tem uma dignidade incomparável na sua luta constante e nos seus princípios morais. O povo brasileiro caminha com a sua beleza espiritual e o seu sentimento solidário. Um povo comovente e benevolente que prioriza a família. A dignidade brasileira possui uma camaradagem sutil e elaborada pelo instinto inteligente e sincero.

A teoria e a prática da dignidade é que produzem um mundo melhor. Respeitar o outro, mesmo sem saber quem ele é, conversar com ele e ouvi-lo são grandes sinais de dignidade. Lutar para sanar a dor do outro também é um gesto próprio daqueles dotados de dignidade. Olhar e enxergar o outro é sinal de alta moralidade.

No campo do aprendizado, a dor do ser humano serve de ensinamento para nos melhorarmos e amarmos o próximo com o maior carinho possível.

A dignidade não se julga, se compreende. Devemos dar o devido tempo para o florescimento da dignidade do homem no mundo contemporâneo.

No momento em que o ser humano pratica a dignidade, ela o preenche de tal forma que ele começa a descobrir a verdadeira alegria de estar vivo e participante deste espetáculo que é a espécie humana e a comunhão entre os seres na Terra.

Cada profissão tem a sua forma de apresentar a dignidade e produzir os seus efeitos. No futebol, especificamente, a dignidade está presente em todos os momentos. Na disputa de bola, em uma dividida, no comprometimento com o time e com os companheiros, na força de enfrentar a dura realidade dos times pequenos e sem mídia, no passe para um colega de jogo, no respeito às regras, no bom senso, nos objetivos que se tem com a profissão, no entendimento e na compreensão desta dura realidade, na qual a desigualdade e a injustiça estão presentes em todos os setores, Bizi indiscutivelmente é o homem que possui o maior caráter e a maior dignidade da história do futebol brasileiro. É um símbolo de decência. Ele sabia o que era respeitar um colega de profissão em todos os sentidos. Lutava e brigava para vencer a partida com amor e sentimento de guerreiro, mas nunca agrediu ou machucou um parceiro do ofício. É um exemplo.

Em um país onde, neste momento, faltam exemplos desse calibre, ter Bizi com a sua bela carreira e conduta no esporte é motivo de enorme orgulho para todo o povo brasileiro. Foram dezessete anos de Juventus, honrando a camisa mais do que qualquer atleta no futebol mundial. Nunca jogou por dinheiro, jogava por amor ao clube, fidelidade à torcida e respeito ao público que pagava ingresso para assisti-lo. Outro jogador com este amor inconfundível e impressionante por um time e pelo futebol, como o lateral-esquerdo Bizi, nunca mais existirá. Ele foi único em todos os aspectos e sentidos.

***

Vamos falar sobre a consciência humana.

A consciência humana deve distinguir entre a coerência e a incoerência. Coerência é trabalhar com serenidade pelo equilíbrio do mundo com as suas atitudes e com o seu modo de pensar. É viver com respeito pelo próximo e compreender os problemas que afligem a humanidade; compreender os problemas e dilemas que dilaceram o Brasil e buscar alternativas para superá-los.

É preciso ter consciência do meio em que se vive, se trabalha, e dos sonhos possíveis de se realizar. Ter consciência é ter a verdade no cerne da realidade, não a realidade imposta ou fantasiosa, mas a realidade imponente que reconhece a dor, o sentido das coisas e a vida como ela é. Sentir que o ser humano tem consciência desperta e não estática é um dos principais prazeres intelectuais do homem.

As consciências despertas e livres de imposições são dignas pela sua própria natureza e possuem lastro espiritual para caminhar pelo tempo da história e cravar o seu semblante no mapa da verdade e da compaixão.

A consciência é produtora de seres humanos que pensam e constroem, e pensar é uma dádiva. O pensamento é o principal fundamento da relação humana na Terra. O pensar com consciência coletiva de agregar e somar, imbuídos do espírito de brasilidade, é uma vitória da sociedade, dos educadores e da família.

Consciência é saber o que se faz. É fazer com certeza, sem vacilos. A consciência colabora para o engrandecimento de todas as ideias filosóficas que combatem a elitização e a ignorância.

Consciência não é ter apenas noção daquilo que é certo, é muito mais do que isso. É olhar o destino alheio como se fosse o seu. É buscar a realização dos seus sonhos comprometido com a dignidade dos seus antepassados. Consciência é o estado de alma mais elevado. É o motor do raciocínio e da cultura geral.

A consciência age de várias formas dentro do ser humano: na interioridade simples, no ego aprimorado e na leitura da realidade do cotidiano. A mera ideia da consciência transforma o pensamento em uma causa. A convicção da existência da consciência provoca no homem um sentimento de libertação somente comparado àquele de ver o nascimento de um filho. É a certeza da atuação de Deus no destino da Terra. A consciência plena não possui nenhum adversário que possa derrubá-la. O propósito dessa consciência é a libertação do planeta e a conscientização de todos os seres humanos.

Consciência é cultura no seu mais alto grau. É produzir a cultura da dignidade e do equilíbrio.

Na conjuntura da consciência, o aprendizado e a assimilação possibilitam processos de crescimento e amadurecimento. A consciência permite que a caminhada do homem na Terra seja mais leve e amena. É ela que proporciona a familiaridade de toda a estrutura sentimental do ser humano.

***

Somente os homens fadados a vencer e formar seguidores e discípulos é que possuem consciência e dignidade juntas.

Bizi é uma dessas muitas almas de ouro que compõem o querido povo brasileiro.

Lembro de um fato acontecido em 1987. Naquele ano, eu já era profissional de futebol e jogava no Linense da cidade de Lins, tinha 20 anos de idade. Não existia ainda no futebol brasileiro a figura dominante dos empresários, e o esporte tinha outra dinâmica nas contratações. Geralmente, os clubes grandes ou de médio porte contratavam os seus atletas por meio de testes e treinamentos. Essa era a realidade vigente.

Aproveitando uma brecha no calendário, resolvi fazer testes no Juventus, clube muito querido e pelo qual sempre tive apreço e carinho, um grande revelador de craques. Minha memória não me engana. Fiz uma semana de treinos e dois coletivos com a equipe principal. Marquei três gols jogando na equipe reserva contra o time titular. Como estava com ritmo de jogo e muito bem preparado, joguei do jeito que gostava. Deixando a modéstia de lado, demonstrei o meu talento nos treinos que fiz. Driblei à vontade, dei fintas por baixo das pernas, chapéu, fiz tabelas e executei minhas arrancadas em diagonal, sem conhecer os jogadores do meu time (equipe reserva mesclada com alguns jogadores em testes). A partir do momento em que comecei a soltar o meu jogo e a me destacar, me tornei alvo dos zagueiros e volantes. Eu pegava na bola e tomava falta. Levei pancadas e apanhei em todo lugar do campo em que me posicionava. O único atleta a não me bater e não me chutar sem bola foi o lateral-esquerdo Bizi. Ele jogava com seriedade e determinação, mas não me bateu.

Quase todo o time do Juventus era composto de jogadores famosos e experientes, e eu estava começando a minha trajetória, mas já ciente de que a carreira de jogador de futebol era ingrata e poderia terminar a qualquer momento com uma lesão grave. Como eu não gostava de cultivar o medo, não queria pensar nessa hipótese. O meu passe estava preso ao time de Lins, o que significava que se tivesse uma contusão grave treinando em uma outra equipe, não teria, juridicamente, direito algum.

Bizi, com a camisa 6, jogando pelo Juventus em 1978

A postura do homem e atleta Bizi me valorizou como ser humano e jogador de futebol profissional. Ele já estava encerrando a sua sólida e digna carreira, e eu começando no mundo profissional, com apenas três anos de carteira assinada. Isso comprova que Bizi estava muito acima dos seus colegas de profissão na questão de consciência e compreensão do que representa o futebol na vida das pessoas.

Essa mentalidade de justiça, consideração e moral pautou sua carreira e sua vida, comprovando o seu grande caráter. A dignidade e a justiça abraçaram Bizi, e ele continua caminhando sempre com a cabeça erguida pelo mundo. Não existe maior vitória na vida de um ser do que ter consciência esportiva, ética e respeito pelos outros.

Bizi seguiu o seu caminho, e eu, o meu. Depois de muitos anos voltamos a nos encontrar.

Bizi, no final da década de 1990, quando auxiliou professores de escolinhas de futebol em Suzano

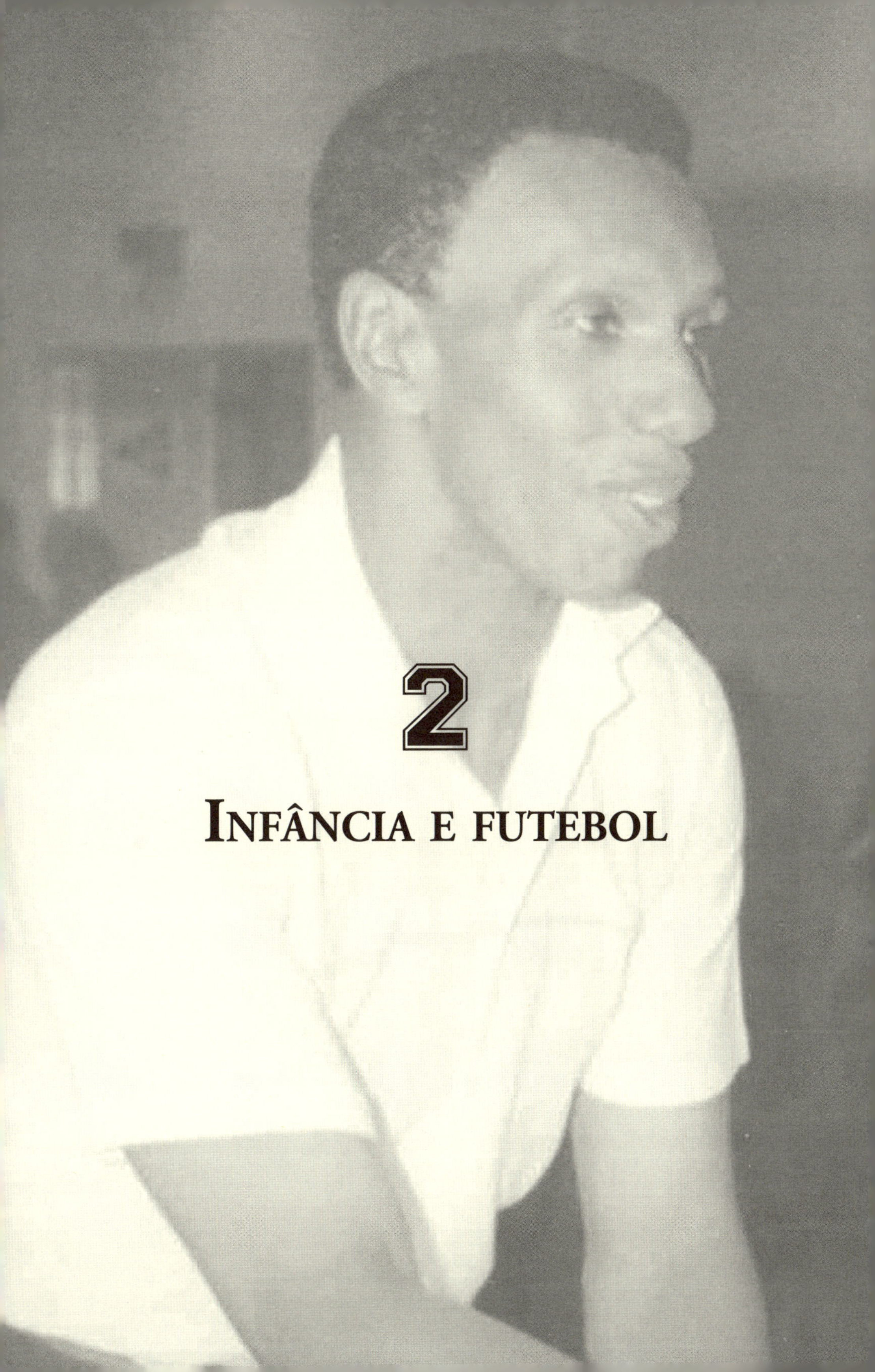

2

Infância e futebol

Como a maioria dos jogadores de futebol no Brasil, Bizi veio das camadas economicamente mais pobres e excluídas da sociedade de consumo, membro de uma família humilde, educada e maravilhosa. Seus pais, José Benedicto Bento e Terezinha de Jesus Bento, eram amorosos, prestativos e transbordavam bondade e belos exemplos. Eles deram uma excelente educação para Bizi e suas três irmãs, ajudando-os a se tornarem ótimos seres humanos.

Eram uma família na qual o respeito e o amor imperavam. Diálogo, compreensão e solidariedade eram ensinados e aprendidos no lar sagrado. Uma família tipicamente brasileira que lutava e trabalhava honrosamente pelo pão de cada dia. Seguiam princípios cristãos e tinham o respeito de todo o bairro da Vila Carrão.

O garoto de ouro Bizi, ao longo da carreira, sempre fez questão de frisar a importância e o valor da família em sua vida. A família é o alicerce do ser humano, base e sustentáculo do seu crescimento moral e espiritual. É o resguardo da paz, do respeito e da santificação. É na família que o indivíduo aprende a pensar, sentir, analisar e a ponderar sobre questões importantes do dia a dia. A família é o primeiro e principal aprendizado. É uma escola abençoada que molda o ser e o educa. Na família, a educação moral e espiritual é primordial para a construção de um destino. Família é o principal elo de Deus com os seres humanos na Terra.

Para ajudar no sustento do lar, Bizi trabalhava na feira como carreteiro e vendedor de plásticos, caixas, copos, e tudo o que uma dona de casa precisava. Fazia bicos e ganhava o seu dinheirinho honestamente, com uma ponta de alegria. Ajudava a sua mãe a passar roupa, lavava a garagem e os carros dos vizinhos, carpia e cuidava do quintal dos amigos como um verdadeiro artista do jardim; enfim, fazia tudo com esmero e capricho, sem reclamar. Desde cedo já era um vencedor. Essa postura foi lapidando um gigante espiritual.

Ele mesmo criava seus brinquedos com madeira, latas e arames. Bizi lembra que fazia pequenos carros com um carretel e elásticos, dando a impressão de serem carrinhos com rodas de trator.

Em sua infância, brincava de empinar pipa (papagaio), soltava peão, batia figurinhas (no ano de 1978, saiu na tradicional revista de esportes

Placar a sua figurinha no álbum do campeonato paulista), jogava bolinha de gude, corria com carrinho de rolimã e, principalmente, praticava o tão amado futebol.

Antigamente, as crianças tinham por hábito construir seus próprios brinquedos. A criança trabalhava com a parte lúdica e criativa em todos os instantes da sua realidade, tornando-se, posteriormente, um jovem mais seguro, intuitivo e independente. Nos tempos atuais, as crianças recebem os brinquedos prontos e definidos com suas regras já estabelecidas, o que provoca limitações tanto na criação como na improvisação. O mundo está mais burocrático até para as crianças.

O apelido Bizi nasceu nas brincadeiras doces e carinhosas de sua irmã Sônia, que o chamava de Tibizi. Com o passar do tempo, ficou Bizi.

O futebol esteve desde cedo na vida de Bizi, quando jogava nos campinhos de terra e nos terrenos baldios da Vila Carrão. Em uma dessas partidas, já demonstrando técnica, habilidade e muita vontade, foi convidado para jogar em um time de futebol no dente de leite (infantil). O nome do time era Santos Foguinho de Vila Carrão.

Bizi jogando pelo Santos Foguinho de Vila Carrão

O dono, patrono, criador e organizador do time chamava-se Astrogildo, um senhor culto, alegre, amigo de todos e conectado com o seu tempo. Muito bem informado e homem de diálogo, foi durante a vida inteira um verdadeiro educador. Inclusive, Astrogildo era um compositor de samba de primeira linha. Uma de suas músicas foi gravada na época pelo talentoso, inesquecível e brilhante cantor Noite Ilustrada, um dos mais completos e marcantes cantores da história da música.

O time do Foguinho de Vila Carrão revelou ao futebol brasileiro Bizi do Juventus, Waltinho do São Paulo e Bio do Nacional.

O fardamento do Santos Foguinho de Vila Carrão era composto de camisas, calções e meias vermelhas, com uma chama branca como distintivo no peito. Uma beleza!

Bizi jogava como ponta-direita e esquerda, com destreza e ótima colocação em campo. Naquele momento, os jogos de dente de leite atraíam milhares de pessoas. O Brasil vivia a época em que praticar esportes deixava de ser uma moda e passava a ser uma realidade. O Brasil tinha no futebol um de seus principais orgulhos. A nação respirava futebol e o sonho de qualquer garoto era ser jogador.

O sonho tomava enormes proporções, principalmente pelo apoio que a mídia delegava aos jogos dos meninos, sedentos por mostrarem o seu valor e aparecerem para o Brasil. O apoio e o respeito que a imprensa nutria por esses jogos infantis eram impressionantes. Realmente, a mídia, tão questionada nos dias de hoje, naquele tempo merecia aplauso e consideração.

O campeonato de dente de leite foi um enorme sucesso, com transmissões todos os sábados às 10 horas da manhã pela antológica TV Tupi (canal 4). Um *show* de amor à cidadania, respeito aos jovens jogadores, massificação cultural inteligente, inclusão social, difusão do futebol e, principalmente, formação de futuros grandes seres humanos. Um espetáculo educativo. A verdade do futebol estava presente nesses campeonatos com os ótimos e competentes jornalistas Sérgio Baklanos e Eli Coimbra.

Este campeonato muito bem elaborado e concretizado revelou ao futebol brasileiro: Murici Ramalho; Wladimir, ídolo do Corinthians; Monga, que atuou na Portuguesa de Desportos; Mug e Vitor Hugo, ambos do São Paulo, e inúmeros outros craques.

O ano de 1969 ficou marcado como o primeiro campeonato de dente de leite da cidade de São Paulo, e no seu final formou a seleção A e B. Bizi fez um ótimo campeonato demonstrando a sua categoria e sendo merecidamente convocado para a seleção. O dente de leite era como o campeonato infantil, com meninos de 13 e 14 anos. Era a realização para os garotos.

Nesse mesmo ano, jogando no campo do Nacional na rua Comendador de Souza contra o Brasil da Pompeia, Bizi jogou pela primeira vez como lateral-esquerdo, escalado em uma emergência, e não desapontou ninguém, muito pelo contrário, foi indiscutivelmente o destaque, realizando uma partida maravilhosa. O placar final da peleja: 3x1 para o Santos Foguinho de Vila Carrão com um golaço seu. Uma arrancada do meio de campo e um chute cruzado indefensável. Aplaudido pelo público que lotava o acanhado estádio, recebeu como prêmio pela exibição um relógio e um emprego na famosa Lojas Eduardo, para trabalhar no almoxarifado. A partir desse momento assumiu a lateral-esquerda para o resto da vida.

No São Paulo, Bizi atuou durante um ano nas categorias de base, com o grande revelador de jogadores Firmo de Mello. Nessa época, o São Paulo não remunerava os seus atletas da base, e Bizi resolveu largar o futebol para poder ajudar em casa. Desde cedo foi uma pessoa responsável.

Depois de um tempo parado, Bizi retornou ao futebol, desta vez atuando pela querida Portuguesa de Desportos, durante um ano e seis meses. Na Lusa, teve como técnicos os experientes Marqueti e Godê.

A sua primeira e terrível desilusão com o futebol, tão comum nesse meio, foi depois que um diretor da Portuguesa lhe fez promessas vazias. O fulano de tal conversou, afirmou e garantiu a Bizi que se ele largasse o emprego e se dedicasse integralmente ao futebol pagaria todo o seu salário do próprio bolso. Dito e não feito. A promessa durou apenas os primeiros meses e foi descumprida. Bizi, arrasado, resolveu novamente largar o futebol. Um baque faz com que, no mínimo, se repense a vida. Imaginem um jovem em formação que ajuda economicamente a família tomar uma rasteira do destino dessa forma. Emprego naquela época era mais seguro e nunca desamparava o trabalhador. Arrumar um emprego com carteira assinada era a glória. Naquela época, não se tinha um corpo jurídico voltado para apoiar o atleta, seja no clube ou nas federações. O jogador mirim, amador ou profissional, ficava na dependência das promessas deste ou daquele diretor ou pseudoempresário. O futebol brasileiro perdeu vários craques devido a essa desorganização e à dependência do apadrinhamento.

Mas a vida daria as suas voltas, e nosso lateral-esquerdo teria uma das carreiras mais sólidas e equilibradas do futebol. Como diz o refrão de um samba que fez estrondoso sucesso na década de 1970, gravado e cantado pela voz aveludada de Noite Ilustrada: "Levanta, sacode a poeira e dá a volta por cima".

***

Em suas passagens pelo São Paulo e pela Portuguesa de Desportos, Bizi acabou fazendo duas amizades que levou para a vida. No tricolor do Morumbi conheceu Murici, que, quando encerrou a carreira de jogador de futebol, virou Ramalho e transformou-se em técnico.

Murici jogava como ponta de lança com talento, inteligência e lucidez. Um jogador diferenciado que preparava as jogadas para os atacantes, fazia gols e armava o jogo. Possuía uma velocidade compassada e elegante. No São Paulo foi campeão paulista em 1975, fazendo uma dupla inesquecível com o goleador Serginho Chulapa. Voltou ao tricolor como técnico e foi campeão brasileiro em 2006, 2007 e 2008. No ano de 2010, conquistou outra vez o campeonato brasileiro, desta vez envergando as cores do Fluminense do Rio de Janeiro.

Na Portuguesa de Desportos, Bizi se tornou amigo do fabuloso Enéas, um dos maiores jogadores do futebol mundial de todos os tempos. Um artista da bola. Gênio, goleador e escultor do futebol. Jogava o fino. Possuía um controle de bola excepcional, uma percepção da construção da jogada acima do normal e só fazia gols de arte elaborada. Sua ginga de corpo e suas arrancadas eram uma maravilha à parte, suas fintas curtas encantavam os apreciadores do futebol-arte e a sua presença em campo era um acontecimento. Jogador completo que dominava todos os fundamentos do futebol, criava e improvisava com uma naturalidade que beirava a perfeição.

O inesquecível Enéas foi comparado ao rei Pelé durante toda a carreira. Quando ele realizava um grande jogo a imprensa em uníssono dizia e escrevia que ele estava em dia de Pelé. Enéas valia o ingresso. Quem viu, viu. Quem não viu, não vê mais.

O craque Enéas atuou na Portuguesa de Desportos de 1969 a 1980, honrando o manto lusitano e se tornando o maior jogador da história do time. Ele jogava como ponta de lança e centroavante. Fez 179 gols pela Lusa, se tornando o segundo maior artilheiro de sua história. Posteriormente, atuou no Bologna da Itália, Palmeiras, na Desportiva do Espírito Santo, no Juventude, no XV de Piracicaba, na Central Brasileira de Cotia e em outras equipes. Atuou na Seleção Brasileira olímpica, principal e *masters*, assim como na Seleção Paulista por várias vezes.

A amizade no futebol, tanto quanto na vida, é um privilégio sagrado e um presente encantado que o ser humano deve guardar para sempre no espírito e na alma.

3

O presente do rei Pelé para o garoto Bizi

O rei Pelé é o maior símbolo do futebol e do esporte mundial. Nada se compara ao rei. O mais forte, o mais inteligente, o mais talentoso, o mais rápido, o mais completo e o mais criativo jogador de todos os tempos. Um ser divino em carne e osso. Bateu todos os recordes de conquistas pelo poderoso Santos, tricampeão mundial pela Seleção Brasileira em 1958 na Copa da Suécia, 1962 na Copa do Chile e em 1970 na Copa do Mundo do México, portanto, em três continentes diferentes. Atuou contra todos os sistemas táticos e de marcação pesada durante mais de vinte anos, contra as seleções estrangeiras mais difíceis e os craques mais destacados, e venceu tudo e todos com obstinação, garra e uma genialidade inacreditável. Foi um astro-rei, um mestre e um maestro. Ele era a essência do futebol, o maior poeta e escritor com a bola nos pés, um gigante do tamanho do globo terrestre. Inventou inúmeras jogadas que se tornaram famosas, ensinou o europeu e o norte-americano a jogar futebol, e criou a magia e o requinte com objetividade dentro de campo. Fez 1284 gols e deixou os colegas de time e de seleção na frente do gol com passes precisos e milimétricos para marcar umas duas mil vezes. A importância do rei Pelé para a difusão das diversas modalidades esportivas, especialmente do futebol, no planeta é espetacular.

O planeta Terra aplaudiu Pelé. Ele ensinou e educou com o seu magnífico e inenarrável futebol milhões de seres humanos. O que ele fez em vinte anos nenhum ser humano irá fazer novamente. Esse rei eterno, que conquistou o seu cetro e coroa lutando como um guerreiro em campo, foi eleito o maior atleta do século pelos franceses e pela FIFA e aplaudido de pé por políticos, papas, monarcas, ministros, reis, primeiros-ministros, presidentes, artistas famosos e pela população do mundo inteiro. A sua vida é contada em inúmeras biografias, filmes, seriados, programas de esportes, histórias em quadrinhos e mídias impressas, televisivas e digitais. Indiscutivelmente, é o homem mais conhecido e famoso do mundo, conquistando esse posto graças aos seus próprios méritos e virtudes. Mesmo depois de ter encerrado a carreira em 1977 jogando pelo Cosmos dos Estados Unidos, continua sendo lembrado por suas façanhas jogando futebol. É algo fantástico.

O rei Pelé promoveu tréguas em duas guerras na África, ao jogar com o Santos na Nigéria e no Congo. Todos pararam para ver Pelé jogar. Que maravilhoso e emocionante! O futebol unindo as nações, os povos e os rivais.

O rei Pelé é um mito sagrado e consagrado, deus eterno dos esportes, inigualável sob todos os aspectos possíveis e imagináveis, mas, principalmente, o genial artista que elevou o patamar do futebol a níveis altíssimos de arte, coragem e hombridade. Ele fez com que o futebol se desenvolvesse a ponto de se tornar o maior, mais assistido e mais admirado esporte do mundo.

O escritor e dramaturgo Nelson Rodrigues afirmou: "Pelé podia virar-se para Michelangelo, Homero ou Dante e cumprimentá-los com íntima efusão: 'Como vai, colega?'".

O holandês Johan Cruyff, um dos maiores jogadores e técnicos de futebol da história, disse sobre Pelé: "Posso ser um novo Di Stéfano, mas não posso ser um novo Pelé. Ele é o único que ultrapassa os limites da lógica".

O poeta Carlos Drummond de Andrade concluiu: "Fazer mil gols como Pelé não é difícil. Difícil é fazer um gol como Pelé".

O craque Puskas, ídolo da Seleção da Hungria, que revolucionou o futebol na Copa de 1954 na Suíça, e ídolo também do Real Madrid, que foi um dos maiores esquadrões de todos os tempos, afirmou categoricamente: "O maior jogador do mundo foi Di Stéfano. Eu me recuso a classificar Pelé como jogador. Ele estava acima de tudo".

O rei Pelé foi, de longe, o maior jogador de futebol do planeta Terra e um dos mais dignos, sinceros e humildes seres humanos que já existiram. Rei dentro e fora de campo.

Em 1969, cada jogador da Seleção Brasileira que iria disputar a Copa do Mundo no México em 1970 pôde escolher e decidir qual o melhor jogador da categoria dente de leite no campeonato transmitido pela TV Tupi. Qual era o jogador preferido de Rivelino, o "Reizinho do Parque do Corinthians", Gérson, o "Canhotinha de Ouro do São Paulo", e outros atletas? A decisão era individual, pessoal e intransferível. O rei Pelé, com determinação, afirmou, sem titubear: "O meu jogador preferido é o Bizi, do Santos Foguinho de Vila Carrão".

No dia seguinte, o jornal *Popular da Tarde* estampou a manchete "É Bizi um ídolo para Pelé". O jornal tem uma foto de Bizi com 14 anos e, em letras garrafais, dizia: "Preste atenção neste menino", com o comentário logo a seguir. Imaginem a alegria e o contentamento desse garoto depois da escolha do rei do futebol.

Sonhando como um super-herói alado, o garoto Bizi comprou um monte de jornais e distribuiu para a família e os amigos. Foi uma festa no bairro. A análise inteligente e o olho clínico de Pelé para desvendar e descobrir um craque surtiram efeitos, como o futuro veio a comprovar.

A vida seguiu, Bizi se tornou jogador de futebol profissional e um símbolo de luta e amor ao querido e tradicional Juventus da Mooca, atuando por dezessete anos na equipe da rua Javari e batendo todos os recordes de partidas com a camiseta grená.

***

O futebol propicia momentos únicos e inigualáveis, integrados com mensagens sentimentais e dignas. O futebol não conhece o tempo e o espaço e as missões divinas ocorrem em todos os instantes a partir do acionamento da lembrança e da concretização do sonho. Quem disse que apenas as crianças possuem o direito e o dever de sonhar?

No dia 29 de agosto de 2006, o rei Pelé estava no campo do Juventus cumprindo as cerimônias necessárias para a justíssima inauguração do seu busto em bronze ao lado da estátua do jogador Clóvis, outro ídolo eterno e mito juventino.

O fenomenal Pelé fez um dos gols mais bonitos da sua carreira e do futebol mundial no campo do Juventus, em 1959, na vitória do Santos sobre o Juventus por 4x0. O rei executou com velocidade uma sucessão de chapéus nos jogadores, totalizando quatro balões. Ele desviava o corpo dos marcadores com uma agilidade assombrosa. Um colosso da arte acadêmica, surrealista e impressionista. Quem estava no estádio ficou de boca aberta, sem acreditar no que via. Este gol, que não foi filmado, foi recriado em computador no filme *Pelé Eterno*, do cineasta Aníbal Massaini, e correu o mundo encantando a todos.

No momento em que Pelé e Bizi se reencontraram, depois de 37 anos, o rei lembrou com emoção do craque dente de leite e lhe deu um abraço dizendo: "Tá velho, hein, Bizi". Ambos deram risada e conversaram um pouco. Na mesma hora, Bizi mostrou a foto histórica de 1969 do jornal *Popular da Tarde*, e Pelé, perplexo e orgulhoso, autografou com prazer aquele recorte amarelado pelo tempo, mas contendo vida, sonhos e imortalidade. Um dia abençoado e marcante tanto para Pelé como para Bizi. Dois homens humildes, guerreiros e que deram a vida pelo futebol brasileiro.

Exemplar do jornal *Popular da Tarde* autografado por Pelé, um presente para Bizi

Edson Arantes do Nascimento, o rei Pelé, nasceu em 1940, e Carlos Roberto Bento, o Bizi, nasceu em 1955, portanto, uma diferença de 15 anos. Quando Pelé estava encerrando a carreira, Bizi estava começando.

Histórias assim só acontecem no futebol brasileiro. Salve o país verde e amarelo.

4

O querido e incomparável Juventus

O Clube Atlético Juventus é um dos principais pontos turísticos da cidade de São Paulo. Clube de origem popular e com um sentimento de brasilidade bem sólido, nutrido pelo seu cotidiano esportivo. O clube, com o seu conjunto aquático, sua diversificação de modalidades esportivas e, principalmente, o seu modo alegre e democrático de interagir com a comunidade, acabou recebendo o título de "mais simpático do Brasil". Nada passa desapercebido nesse clube que sempre caminhou de cabeça erguida por onde passou. O futebol foi e continua sendo um dos grandes impulsionadores dessa sociedade inteligente, comunicativa e participativa.

Na década de 1970, o clube possuía o maior número de associados do Brasil, com mais de 120 mil sócios pagantes, o que permitia a manutenção de toda uma estrutura de lazer e entretenimento. Ser sócio do Juventus nesse período dava *status* e *glamour*. O Juventus tinha classe, estilo e era extremamente educativo. Quando buscava-se uma referência de clube, falava-se em Juventus.

O Juventus gera um sentimento sutil e diferenciado no seu torcedor e aficionado. As suas cores representam a luta dos imigrantes para serem aceitos em um novo país, sua identidade pluralista e a sua personalidade formada por idealismos construtivistas. "Gigante pela própria natureza", é um clube/time de futebol com a alma universalista. Falar sobre as verdades existentes no futebol brasileiro é lembrar e comentar do Juventus, o velho, sofrido, amado e invencível Juventus da Mooca, de São Paulo e do Brasil.

Assistir a um jogo no estádio Conde Rodolfo Crespi na Javari é como voltar ao passado esquecido, recuperando a experiência de ver, enxergar e sentir o futebol como ele realmente é. O poder econômico, as burocracias e as formas obsessoras de angariar poder e fama não possuem espaço no Juventus. Um mundo diferenciado, real e autêntico, como os nossos pais e avós gostavam e vivenciavam. Um futebol sem interesse, em que o mais importante é a luta pela vitória.

No futebol paulista, o Juventus sempre foi um dos grandes, ao lado do Palmeiras, Santos, Corinthians, São Paulo e da Portuguesa de Desportos.

Fundado em 1924 pela família Crespi, o Juventus se aproxima do seu centenário. A família Crespi é originária de Turim, na Itália, e possuía adoração por futebol. Na Itália, o futebol já era profissional, e a mentalidade de respeito aos atletas era uma referência no mundo. O futebol sério e competitivo do campeonato italiano encantava a todos. A organização do seu futebol acabou por levar a Itália ao título de campeã mundial em 1934 e 1938.

O Juventus desenvolveu-se a partir deste idealismo esportivo, com uma configuração própria de atrair, unir e misturar o valente e carinhoso povo brasileiro. A sua história nos incentiva a sonhar sem barreiras e sem limites.

O fardamento e o nome do clube foram escolhidos em função do amor que a família nutria pelo Juventus e o Torino, dois clubes tradicionais e importantíssimos da Itália. O "J" do Juventus tem as cores grenás da camiseta do Torino, mas a alma e o coração são brasileiros. Um charme! Um clube sem nódoa, sem trapaças e sem medo do futuro. O Juventus é o orgulho do brasileiro. Um orgulho sutil, leve e que geralmente passa despercebido. Todos os paulistanos possuem um pouco do Juventus e da Mooca no coração.

O Juventus em toda a sua história venceu jogos importantes contra times dotados de maior apelo popular e de mídia, tais como Corinthians, Palmeiras, São Paulo, Santos e Portuguesa de Desportos. Contra o poderoso Corinthians quase sempre surpreendia vencendo a partida, sendo, indiscutivelmente, uma pedra no sapato do adversário desde 14 de setembro de 1930, quando venceu o alvinegro do Parque São Jorge por 2x1, com gols de Piola e Nico. A partir desse momento, recebeu o apelido de "Moleque Travesso" pelas suas travessuras aprontadas em campo contra os gigantes do futebol, alcunha que estaria presente em sua história e em seu hino.

Na década de 1970, o carrasco do Corinthians seria o ponta-direita Ataliba, com seus gols inesperados e de muita malícia. No campeonato paulista de 1978, ele fez 25 gols com a camisa juventina. Posteriormente, depois de tantos gols marcados contra eles, foi contratado pelo alvinegro do Parque São Jorge e conquistou o campeonato paulista de 1982 e 1983. No ano de 1984, transferido para o Santos, voltou a ser campeão paulista.

Em 1971, o Juventus conquistou o Torneio Paulistinha, em 1983, o título brasileiro da Taça de Prata, no ano de 1985, o Torneio Início e, em 2007, venceu a Copa Paulista. E muitos outros títulos ainda virão.

O Juventus contou com grandes e inesquecíveis jogadores ao longo da sua história, os quais demonstraram muita luta e amor ao time, tais como Miguel, Brandão, Deodoro, Leis, Bizi, Lima, Rodrigues, Buzzoni, Paulo Martins, Trajano, Raudinei, Betinho, Oberdan, Nelsinho, Ditão, Renato, Julinho Botelho, Ziza, Negri, Lanzoninho, Brecha, Hidalgo, Alfredo Ramos, Geraldão, Wilsinho, Ataliba, Cedenir, Luciano, Victor, Segalla, Sabratti, Elias, Raul, Osmar, Nedo, Pracidelli, Bracalli, Teleco, Baltazar, "o Cabecinha de Ouro", Milani, Luizinho, "o Pequeno Polegar", Rafael Chiarella, Juninho, Rocha, Gatãozinho, Tatá, Xaxá, Elói, Brida, Pedrinho, Écio Pasca, Vampeta, Vitor, Félix, César, Hércules, César Luiz Menotti, Ivo, Heriberto, Marcos Denner, Zé Roberto, Viola, Welington Paulista, entre outros.

Os jogadores que disputaram Copas do Mundo e vestiram a camisa juventina são: Lima, que disputou a Copa do Mundo de 1966; Julinho Botelho, chamado para a Copa do Mundo de 1954; Carlos Pracidelli, campeão do mundo como preparador de goleiros em 2002; Vampeta, campeão do mundo em 2002 na Coreia-Japão; Félix, campeão do mundo de 1970; Hércules, que disputou a Copa do Mundo de 1938; César Luiz Menotti, campeão do mundo em 1978 pela Argentina como técnico; Baltazar, "o Cabecinha de Ouro", que disputou as Copas do Mundo de 1950 e 1954; Juninho, convocado para a Copa do Mundo de 1982 na Espanha; Alfredo Ramos, que atuou na Copa do Mundo de 1954; e Viola, campeão mundial pela Seleção Brasileira na Copa do Mundo de 1994.

A sua torcida é animada e apaixonada, principalmente os membros da "Ju-Jovem". O torcedor símbolo da história juventina, extremamente querido e respeitado por todos, é o falecido Sérgio Mangiullo. Ele foi presidente da "Ju-Jovem" por muitos anos. Um ser humano sensacional que amava o Juventus.

Sérgio Mangiullo acompanhava o Juventus em todas as cidades, lugares e situações. Corajoso e honesto, estava sempre presente. Independentemente se chovia ou fazia sol, lá estava ele com o seu amor e a sua fé inabalável pelo Juventus. Um personagem inesquecível!

***

Resoluto em não mais jogar futebol, Bizi mudou de ideia depois de muita insistência do amigo Edson da Vila Carrão.

Edson era profissional do Juventus, jogava como lateral-esquerdo com talento e garra, e sabia do potencial do garoto. Apelidado de "gauchinho", Edson tinha um chute forte e perigoso. Troncudo e firme, conhecia tudo da posição. Nada melhor do que um lateral-esquerdo para saber do talento e do jeito de outro lateral-esquerdo. Naquele tempo, jogar em uma posição do campo e ser identificado com ela era sagrado. Quanto mais especialista em determinada posição, mais o atleta se tornava representante dela e mais tinha orgulho em jogar naquele setor. A ideia conflitante da polivalência ainda não tinha cravado as suas garras no futebol sul-americano. O jogador morreria em campo se preciso fosse para atuar na sua posição. A polivalência existia nos clubes, mas com timidez. O jogador polivalente, o famoso curinga, que atuava em várias posições, no começo da década de 1970 era visto com ressalvas e acabava não se firmando em nenhuma posição do campo. A definição de posição era determinante para as análises, comentários ou debates sobre o futebol.

Convencido pelo amigo Edson, Bizi realizou testes no Juventus, foi aprovado e iniciou sua carreira na equipe grená. Teve como técnico Clóvis Nori, que era chamado de "professor" e havia jogado como meio campista no Comercial de São Paulo e no Corinthians. No Juventus, foi um símbolo de garra e amor à camisa, algo registrado no seu busto presente hoje no estádio da rua Javari. Outro técnico importante no começo da sua carreira foi o popular e experiente Godê.

Bizi no início da sua carreira no Juventus

A equipe de juniores do Juventus sempre disputava títulos e obtinha boas colocações. Bizi disputou o Campeonato Paulista e a Taça São Paulo de Futebol Júnior em 1972 e 1973. Essa categoria é hoje chamada de sub-20. Mais tarde, o nome do torneio mudaria de Taça São Paulo para Copa São Paulo.

Dessa equipe foram revelados e subiram ao profissional os atletas: Bizi, lateral-esquerdo; Arnaldo, lateral-direito; Lineu, médio-volante; Astolfi, meia-direita; e Djalma, zagueiro clássico e determinado, convocado para a Seleção Brasileira de Novos para jogar em Toulon na França.

Um momento marcante para Bizi foi o dia da assinatura de seu primeiro contrato profissional. Naquela tarde, o diretor do Juventus, Eugênio Pássaro, um homem educadíssimo, equilibrado e preocupado com o futuro dos atletas, afirmou com convicção: "Aqui a gente valoriza primeiro o homem, depois o atleta". Essa frase lapidar continha o futuro dignificante do nosso atleta, um dos mais disciplinados e educados jogadores da história do futebol. Uma frase que marcou o nosso lateral-esquerdo. E ele honrou como poucos o sagrado manto juventino.

Bizi comenta: "Então, isso me marcou muito. Carreguei pro resto da minha carreira, no Juventus e em outras equipes que joguei. 'Primeiro o homem, depois o atleta'. Talvez até por isso eu tive a conduta que tive no Juventus. Até porque, dezessete anos no mesmo time é uma vida. E hoje é raro! Como atleta, não quis ser melhor do que ninguém, mas sempre dei bons exemplos. Eu, nos meus 22 anos de carreira, nunca cheguei atrasado em um treinamento! Nunca levei uma advertência! Nunca fui multado! Nunca fui suspenso! Por qualquer coisa que seja. Então, isso hoje é raro. E eu trago isso de bom comigo". Esse depoimento aparece na dissertação de mestrado *Além dos Gramados: História Oral de Vida de Negros no Futebol Brasileiro (1970-2010)*, de Marcel Diego Tonini (Departamento de História, FFLCH-USP, 2010, p. 75).

Jogar dezessete anos em uma equipe profissional é algo espetacular, principalmente no Juventus, um time tradicional com uma história rica e resplandecente. Ele jogava por amor e paixão, pois o Juventus nunca pagou altos salários aos seus atletas. Apesar de ter uma ótima estrutura, nunca teve condições financeiras para se posicionar como uma equipe de liderança no futebol paulista e brasileiro.

É muito mais fácil e motivador jogar em uma equipe de ponta. O jogador torna-se um ídolo, paparicado, idolatrado, endeusado, pago com milhões. É uma contradição em relação ao salário médio da população mundial. Essa fuga da realidade desses jogadores, fantoches do sistema, é uma palhaçada. O ego é sempre massageado, a mídia se curva, e a torcida, carente e dependente, fica incontrolável. O jogador vira uma empresa e é exaltado nas esquinas, ruas, shoppings e por todos os lugares. Tudo o que ele faz vira manchete.

Jogar em um time como o Juventus, que é discriminado, recusado e esquecido pela mídia, sem salários altíssimos e com menos facilidades, é um ato de convicção. O jogador precisa ser valente. Isso na sua essência é o verdadeiro amor.

Jogo do Juventus em 1981. Da esquerda para a direita, Bizi é o segundo. De camisa clara, o conceituado técnico Candinho

Uma coisa é o amor verdadeiro e de alma, outra é o amor superficial, interesseiro e acomodado. É muito fácil amar um clube ganhando milhões por ano. Difícil é amar sem o poder dos cifrões impulsionando o desejo pelo sucesso e pelo poder.

Na vida, os pensamentos e os comportamentos são reais e não fantasiosos. Os ídolos de papel foram criados muito antes do descobrimento do Brasil. No Império Romano, na Idade Média, nas monarquias, na Revolução Industrial e nos tempos modernos, os ídolos de papel e de barro sempre fizeram parte do cenário e do panorama social e econômico de cada época. Triste é o país que somente valoriza os que são mais aplaudidos.

É óbvio que existem ídolos com alma, coração e verdade no peito, mas não me refiro a esses aqui. O problema é o ídolo formatado de acordo com as exigências do sistema, uma máquina de triturar gente e propagar a desigualdade de maneira trágica.

O querido Bizi não foi ídolo, mas estava muito acima dessas classificações e conceituações, afinal, ele amou o futebol mais do que qualquer outro. O futebol para ele envolvia sentimento puro, amor ao jogo, lembranças carinhosas da família, respeito à profissão e consideração com o torcedor. Amor como esse não existe mais.

Pensem e registrem o que estou falando: dezessete anos não são dezessete dias. Bizi suava a camisa de verdade e engrandecia a história do Juventus em cada partida, em cada minuto de jogo e em cada disputa de bola, sendo aplaudido por todos pela sua lealdade e pelo seu respeito aos profissionais que enfrentava.

No Juventus, Bizi teve grandes técnicos do futebol brasileiro como, por exemplo, Milton Buzzeto, que foi o seu primeiro técnico no profissional. Buzzeto também trabalhou no Corinthians e sabia implantar um sistema defensivo inteligente e com variações táticas. Pelo Juventus, surpreendeu várias vezes as equipes de maior poder aquisitivo e maior torcida. Outros técnicos foram Candinho, que foi campeão brasileiro da Taça de Prata em 1983 pelo Juventus e trabalhou na Portuguesa de Desportos com extremo talento e dedicação, tendo sido também técnico da Seleção Brasileira; Cláudio Duarte, que, como atleta, foi bicampeão brasileiro jogando pelo Internacional em 1975 e 1976 e, como técnico, venceu o campeonato gaúcho em 1978, 1981, 1991 e 1994 pelo Inter e em 1989 pelo Grêmio; Dudu, volante símbolo do Palmeiras e que possui um busto em bronze nas alamedas do clube pela sua dedicação e empenho; Borracha, que foi um técnico talentoso e revelador de craques, conquistando a Taça São Paulo de Juniores; Armando Renganeschi, um argentino que amava o Brasil e conquistou o campeonato paulista de 1946 pelo São Paulo como atleta e, como técnico, trabalhou no Palmeiras, São Paulo e Corinthians; Jim Lopes, um argentino formado em economia e que trabalhou no Ipiranga, São Paulo, Corinthians e Palmeiras. Jim Lopes, já com idade avançada, tinha sido campeão paulista em 1950 pelo Palmeiras e em 1953 pelo São Paulo. Experiente, tarimbado e amigo dos jogadores, ele era uma figura sensacional e admirava o futebol brasileiro.

Bizi lembra do estilo descontraído de Jim Lopes e das suas frases: "Ele dizia para nós que os jogadores deveriam dormir com a bola debaixo dos braços, para aprender a jogar e pegar intimidade com ela". E prossegue: "Ele falava para nós, atletas, que em vez de fotos de mulheres pregadas nas paredes dos quartos nós devíamos ter a foto do rei Pelé, para aprendermos a jogar, a driblar, a cabecear, a chutar e a fazer gols como o Rei".

Outro técnico excelente com quem Bizi trabalhou foi o ex-atleta Pinga. Pinga era o apelido de José Lázaro Robles. Ele foi um dos maiores goleadores do futebol mundial e disputou a Copa do Mundo de 1954 pela Seleção Brasileira. Atuou com brilho na Portuguesa de Desportos, sendo o maior artilheiro de sua história, com 202 gols, e continuou a sua saga de gols no poderoso Vasco da Gama, com 250 bolas na rede.

No ano de 1974 a ala esquerda do Juventus contou com Bizi e Ziza, o filho de Pinga. O jogador Ziza foi um habilidoso e veloz ponta-esquerda, o melhor ponta-esquerda do Brasil no campeonato brasileiro de 1977, quando jogava pelo Atlético Mineiro. Filho de peixe, peixinho é. Pai e filho honrando a camisa do Juventus.

A equipe grená teve outra ala esquerda de ouro sobre a qual até hoje se comenta: Gatãozinho e Bizi. Embora atuasse de meia-direita, Gatãozinho trabalhava criando e marcando mais pelo lado esquerdo.

No Juventus e no Ituano, Bizi trabalhou com o técnico Brida, irmão do craque Brecha, que foi campeão paulista de 1973 pelo Santos e fez uma dupla maravilhosa no meio de campo com o rei Pelé. Oscar Amaro o treinou no União de Mogi das Cruzes, José Teixeira no Ituano e Muca no Barretos E. C.

Tantos técnicos valorosos e de extrema competência, com renomada e comprovada capacidade, sempre quiseram ter como atleta o determinado Bizi. O conhecido jornalista Milton Neves chama Bizi, até os dias de hoje, de "o interminável", pois os anos passavam e ele continuava no Juventus, jogando na lateral-esquerda com a sua fibra de guerreiro.

No ano de 1980 o São Paulo estava disposto a contratá-lo, mas o amor de Bizi pelo Juventus falou mais alto. O seu destino estava traçado: ser uma lenda no Juventus.

Time do Juventus na Rua Javari em 1983. Bizi é o quinto em pé da esquerda para a direita

5

O principal título da história do Juventus – Campeão da Taça de Prata de 1983

O título mais expressivo e importante da tradicional história do popular Juventus, indiscutivelmente, foi a conquista da Taça de Prata de 1983, uma vitória obtida na raça, na fibra e com muita luta. Um título de ouro para um clube de ouro. O Juventus merecidamente subia de patamar. Era mais um degrau na sua luta por reconhecimento e respeito. Um sonho que se tornou realidade. Um sinal da providência divina recaindo sobre os atletas, a diretoria e os torcedores. Um presente depois de 59 anos da sua fundação.

Esse título sempre estará presente na vida da equipe grená. Uma glória difícil de quantificar, equalizar ou contextualizar com as formas de pensar e desejar dos tempos atuais. Uma marca e uma recorrência simbólica e eterna. Esse título representa a cara do time e o seu renascimento, uma conquista que jamais será esquecida.

A vitória juventina tem um gosto especial e valor ainda maior para o seu abnegado torcedor. O símbolo é mais antigo do que o próprio homem, e a conquista da Taça de Prata é um símbolo permanente. A importância de um título ou uma vitória diferencia-se de time para time. Cada qual com a sua identidade e sentimento encontra uma resposta e veste uma capa. O Juventus é maior do que todas as conquistas do futebol mundial em todas as épocas. Juventus é Juventus. A Taça de Prata de 1983 será sempre o momento mais salutar e acolhedor nas lembranças da alma juventina e dos sonhos mais impossíveis e remotos.

O jogo final do Juventus foi contra o CSA (Centro Sportivo Alagoano) de Maceió. Uma batalha campal sem fim. O tradicional e popular time alagoano, rival de outro grande de Alagoas, o CRB (Clube de Regatas Brasil), perdeu lutando, com hombridade e perseverança. O CSA é um time de futebol com milhares de torcedores espalhados pelo Brasil. Time forte que chegava à terceira final da Taça de Prata. A primeira, em 1980, perdeu para o Londrina do Paraná; em 1982, nova derrota, desta vez para o Campo Grande do Rio de Janeiro e, em 1983, foi superado pelo Juventus. No ano de 1999, sagrou-se vice-campeão da Copa Conmebol, um difícil torneio internacional, e teve como artilheiro da competição o atacante Missinho, com quatro gols. Na década de 1970, o time foi presidido pelo ex-presidente da República, Fernando Collor de Melo. O CSA conquistou 38 estaduais, contando com o de 2018, e venceu o campeonato brasileiro da série C em 2017. O ano de 2018 é emblemático, pois o CSA conquistou o acesso da série B para a série A (divisão principal do futebol brasileiro). Este feito o coloca como a única equipe a conseguir três acessos seguidos até chegar ao topo do futebol verde e amarelo. É um time fundado em 7 de setembro de 1913, portanto, com mais de cem anos de existência. Indiscutivelmente, é uma das mais tradicionais equipes do Brasil e uma das mais respeitadas do Nordeste.

Equipe de Profissionais do C.A. Juventus classificada para a "Taça de Ouro" em 1983. Bizi está sentado, o segundo da direita para a esquerda

O Juventus, então, disputava a final contra uma equipe experiente e de forte reputação. Um embate entre dois estados e dois times com desejo incessante de lutar. O jogo foi truncado e de muita pegada, com poucos espaços para criar, pensar e ajeitar a bola. Muitos choques e confrontos individuais. Jogo de final, com espírito de final. Em cada pedaço do campo acontecia um duelo. A marcação das duas equipes era muito forte e mesclava pressão individual na saída de bola e marcação setorizada e por zona. As zagas dos dois times faziam um grande jogo. Os 22 atletas se entregavam e brigavam pela posse de bola com extrema dignidade. Foram 22 guerreiros em um jogo épico, mas extremamente bruto. Apenas no primeiro tempo houve 51 faltas, algumas com rispidez, outras feitas com a intenção de bloquear o lance. No final do primeiro tempo, Bizi, depois de uma rebatida na área adversária, matou com classe e rapidez a bola na coxa esquerda e arrematou para o gol. O arqueiro do CSA, em noite inspirada, fez uma grande defesa. O gol do Juventus aconteceu aos 26 minutos do segundo tempo. Depois de uma veloz arrancada do lateral-direito Nelsinho, que iria fatalmente fazer o gol, o beque adversário fez a falta dentro da área e o juiz marcou pênalti. Paulo Martins bateu com a sua classe habitual e fez o gol do título. Final da partida, o Juventus tornou-se campeão. A comemoração se estendeu por toda a noite na Mooca e em outros bairros de São Paulo. O Juventus cravava o seu nome na história.

Os principais destaques do jogo foram: os laterais Nelsinho na direita e Bizi na esquerda, ambos apoiando e marcando; Deodoro na zaga central com o seu vigor e perfeição nos passes e toques de bola; e o volante Paulo Martins com a sua classe, sua leitura rápida de jogo e sua coordenação da equipe. O técnico Candinho percebeu que o jogo seria ganho pelas pontas e no intervalo deu uma nova orientação tática para a equipe, empregando com inteligência e sabedoria a sua vivência como conhecedor de futebol. O árbitro e os seus auxiliares tiveram ótimas atuações e o resultado foi justo.

A festa no Parque São Jorge teve confetes, serpentinas, fogos de artifício e uma bonita invasão de campo feita pela torcida juventina que comemorava efusivamente a incrível vitória. Tudo sob o hino do Juventus que tocava sem parar nos alto-falantes do estádio. A taça foi levantada saudando o povo. Nas mãos dos atletas, ela deu a volta olímpica e a torcida não parava de cantar e pular. A sina de nunca ter sido campeão estava encerrada para sempre. O Juventus abraçava a glória da conquista e entrava no paraíso.

Entrega das faixas na comemoração do título de Campeão da Taça de Prata em 1983 no Juventus

O mais emocionante da partida foi presenciar o lateral-esquerdo Bizi, depois de terminado o prélio, atravessar de joelhos o campo e parar dentro do gol para pagar uma promessa à Padroeira do Brasil, a admirada Nossa Senhora Aparecida. Um momento eterno que o tempo não conseguirá jamais apagar. Uma demonstração de amor verdadeiro ao futebol, fé e doação. Bizi estava lesionado e não jogaria esta partida. Mas milagrosamente recuperou-se a tempo, jogou a partida e pagou a promessa com a alma e o coração. A sua imagem de joelhos atravessando o gramado, chorando e agradecendo à Nossa Senhora Aparecida é comovente, romântica e lírica. A verdade do futebol estava naquela travessia sagrada: Bizi de joelhos, os torcedores e a imprensa fazendo um círculo ao seu redor; é a imagem mais bonita e gratificante da história do Juventus. A autenticidade desse gesto demonstra uma verdadeira devoção aos princípios do esporte e à Nossa Senhora Aparecida.

O lateral-esquerdo Bizi, com esse ato de andar de joelhos no palco onde os sonhos são desfeitos ou recuperados, resgatou o valor do sonho puro de criança, em um período que a profissionalização exacerbada do futebol começava a fritar almas e robotizar os atletas. Nesse mesmo campo de grama verde em que corre sangue, e onde atletas morrem e renascem, a sua cerimônia de fidelidade à promessa feita para a santa brasileira é um resgate do elo perdido com a fé e comprova que na vida não existem nem vencidos e nem vencedores.

A partida entre Juventus e CSA tem mais importância do que o resultado e o próprio jogo. A expectativa inicial do prélio e o pós-jogo com a sua euforia e realização continuam presentes em todas as partidas do Juventus.

A Taça de Prata de 1983 não era um campeonato de série A e nem da série B, era muito mais do que isso. Era o campeonato brasileiro. Ninguém tem o direito de medir ou denominar um título sem pesar a realidade, a situação e o contexto em que ele estava inserido. Geralmente, depois do êxtase da conquista vem a depressão, mas não no caso do Juventus, que soube lidar com esse título e manter o equilíbrio.

Antes da decisão final e definitiva, o Juventus superou e eliminou o Itumbiara de Goiás, o Galícia da Bahia e o Joinville de Santa Catarina. Na primeira partida, jogada na fase decisiva, o CSA venceu o Juventus por 3x1 em Maceió. No segundo jogo, vitória juventina por 3x0. No último jogo, de desempate, o Juventus triunfou por 1x0, ficando com o título. O saldo de gols não constava no regulamento.

JUVENTUS 1x0 CSA

Data: 3 de maio de 1983 (noite).
Local: Estádio Alfredo Schürig – Parque São Jorge
Renda: Cr$ 1.680.200,00
Público pagante: 3.220 pessoas
Árbitro: Luís Carlos Félix, auxiliado por Pedro Carlos Bregalda e João Batista Byron.
Gols: Paulo Martins (pênalti) aos 26 minutos do segundo tempo.
Juventus: Carlos, Nelson, Deodoro, Nelsinho, Bizi, Paulo Martins, César, Gatãozinho, Sidnei, Ilo, (Bira), Candido e (Mário).
CSA: Adeildo, Humberto, Café, Dequinha, Cícero, (Veiga), Ademir, Jorginho, Rommel, Américo, Josenilton e Jacozinho.
Cartões Amarelos: Paulo Martins e César para o Juventus; Café, Ademir, Dequinha e Jorginho para o CSA.

O técnico Candinho, um dos maiores técnicos da história da Portuguesa de Desportos, depois de dez anos da campanha relembrava o feito: "Foi uma satisfação muito grande. Primeiro porque eu nasci na Mooca, depois porque não é nada fácil levar uma equipe como o Juventus a um título dessa importância".

Nelson, lateral-direito que se tornou o técnico Nelsinho Batista, conquistando inúmeros títulos, entre eles o campeonato brasileiro pelo Corinthians em 1990 e a Copa do Brasil pelo Sport do Recife em 2008, comenta sobre a campanha: "Aquele título foi inesquecível. Foi uma honra ser campeão pelo Juventus. Acho que entrei para a história do clube. O Candinho armou um time muito bom. Uma mescla de jogadores veteranos, como eu e o Deodoro, e jovens, como o Carlos Pracidelli e o Paulo Martins. A principal jogada do time era comigo e com o Sidnei pela direita".

Bizi, o lateral-esquerdo campeão, afirma: "Esse título foi uma coisa de Deus. Uma dádiva de Nossa Senhora Aparecida. Nosso time mereceu esse título. Nosso técnico Candinho foi excepcional. Eu chamava-o de 'Chefe'. Candinho tinha talento e inteligência. Um ser humano bondoso, prestativo, um homem do bem. Ele sabia armar com precisão a nossa equipe taticamente. Não por acaso permaneceu por seis anos no Juventus. Aquele grupo valia a pena. Não tinha vaidades e todos eram amigos. Um título que entrou para a história. Para a vida da gente".

6

O AMADURECIMENTO NO RIO BRANCO E NO BARRETOS

O futebol brasileiro sempre valorizou o amadurecimento dos nossos jogadores. Nas décadas de 1970 e 1980, emprestar os jogadores promissores e talentosos para que eles pudessem adquirir mais rodagem, experiência e "cancha" – no jargão popular – era algo comum. O atleta tinha mais liberdade para entender o que é o verdadeiro aprimoramento técnico e tático.

O amadurecimento psicológico e emocional de um jogador de futebol acontece de diferentes formas. Cada um tem uma personalidade e um modo de assimilar as diversas realidades e momentos vividos ou imaginados. Quando um atleta de futebol profissional muda de cidade, amigos, colegas e objetivos, a sua realidade e os seus sonhos são transferidos para um outro ambiente e um outro contexto, com novas perspectivas e novas esperanças. O recondicionamento a novas situações de vida e de enfrentamento direciona o ser humano a uma busca de aprendizado e de compreensão do que ele é e do que poderá ser. Uma nova geografia sentimental e espiritual é descoberta pelo atleta com motivação redobrada para triunfar no seu meio e grupo. O futebol processa muito bem essas realidades conectadas com o meio esportivo, moldando uma força inimaginável no protagonista da situação.

No futebol brasileiro as carreiras começam muito cedo, em alguns casos até precocemente, em outros, na hora certa e com equilíbrio para o atleta processar o sucesso ou a tragédia que se avizinha. Tudo pode ser perfeito ou tudo pode desmoronar. A realidade da vitória e a da derrota são separadas por uma linha muito tênue.

Os sonhos que o futebol propaga e enaltece podem fazer muito bem ao atleta ou podem criar uma vida ficcional perigosa. De um modo geral, os sonhos são a mola mestra do progresso do mundo. Os sonhos atados ao amor é que fazem com que o futebol brasileiro continue sendo o melhor do planeta e os seus jogadores disputados a peso de ouro pelo mercado internacional.

O aprimoramento do jogador passa necessariamente pela prática, e não por conversas ou filosofismos. Quanto mais praticar, melhor ficará para que o talento, a fúria e a garra guardadas no peito desabrochem.

Na década de 1990, com a extinção da lei do passe, o jogador começou a ser mais protegido e paparicado, até chegar ao excesso que observamos hoje. Nem os treinamentos dos titulares contra os reservas, os chamados "coletivos", são mais praticados como antigamente, recriando cenas dos jogos. Os treinamentos foram modificados e o jogador perdeu a sua autonomia e liberdade para marcar, criar, se movimentar e trabalhar a bola. O jogador se tornou refém da tática e escravo das movimentações pré-estabelecidas e treinadas até a exaustão. É um futebol extremamente robótico, moldado em um computador. Um futebol previsível e que perdeu a sua magia e graça.

Com o amadurecimento desses jogadores e a redescoberta de sua natureza criativa, o futebol brasileiro vai voltando a se soltar e a conquistar o público, a crônica esportiva e a crítica especializada.

***

O nosso eterno Bizi já nasceu com determinação, garra e talento, faltava apenas o amadurecimento para ele se transformar no atleta que, por mais vezes, vestiria a camisa juventina. O Juventus, prevendo o crescimento e o potencial do jogador, emprestou-o ao Rio Branco do Espírito Santo em 1976 e ao Barretos de São Paulo em 1977.

Bizi tem um enorme carinho por essas duas equipes e lembra com saudades dos momentos passados nesses dois times.

***

O Rio Branco é um clube grande e tradicional do Espírito Santo. É o maior conquistador de títulos do estado com 37 taças, e tem uma torcida popular, participativa, atuante e apaixonada. A sua história foi composta dignamente com sacrifício e espírito de vitória. Um time que orgulha o Brasil com a sua trajetória esportiva. Seria como o poderoso Corinthians, com as mesmas características e raízes populares. De 1970 até 2018, três ídolos marcaram a sua história: Dé, Ruço e Baiano.

O jogador Ruço jogou no Madureira, Corinthians, Botafogo do Rio de Janeiro, Rio Branco e Volta Redonda. Um jogador que lutava, marcava e armava o jogo com a fibra de um gigante. Força, raça e luta.

Sua consagração aconteceu no Corinthians, conquistando o campeonato paulista de 1977 depois de mais de 22 anos sem títulos. Ele era o camisa 5 do alvinegro do Parque São Jorge.

Forte, troncudo e com uma saúde de guerreiro, atuou em duzentas partidas e fez 22 gols pelo Corinthians. Um jogador carismático e querido, comemorava seus gols mandando beijinhos aos montes para a fiel torcida do Corinthians. Pelo Rio Branco, foi bicampeão do Espírito Santo em 1982 e 1983, marcando época.

Com a camisa número 9, o goleador Dé demonstrou todo o seu talento, instinto de goleador e velocidade inteligente com e sem a bola. Esse artilheiro tem uma história bonita e gloriosa no futebol brasileiro e mundial. Jogou no Olaria, Bangu, Vasco da Gama, América, Botafogo e Bonsucesso, todos do Rio de Janeiro. Em 1974 e 1975 jogou no Sporting de Portugal e em 1981 e 1982 no Al Helal da Arábia Saudita. No Espírito Santo, atuou na Desportiva e no Rio Branco, conquistando títulos por ambos os times capixabas. Ele foi campeão brasileiro pelo Vasco da Gama, português pelo Sporting e árabe pelo Al Helal.

No Rio Branco, conquistou por duas vezes o campeonato do Espírito Santo em 1983 e 1985, se tornando um dos maiores ídolos e símbolos do time. No ano de 1985 foi o artilheiro do Rio Branco com sete gols. Indiscutivelmente, foi um dos goleadores mais conceituados, contundentes, verdadeiros, irreverentes e queridos da história do futebol verde e amarelo. Dé é um jogador inesquecível, capaz de deixar seu brilho e sua alegria dentro e fora de campo. Quando encerrou a carreira de mais de vinte anos como jogador se tornou técnico de futebol e comentarista esportivo.

O atacante e ponta de lança Baiano começou a carreira no Rio Branco demonstrando o seu talento, a sua força e uma capacidade incrível de fazer gols. Goleador nato e com uma visão excepcional da distância do gol, conquistou a artilharia máxima do campeonato capixaba em 1973 com 18 gols e em 1978 com 10 tentos. Pelo Rio Branco, foi campeão em 1973 e 1978 do campeonato do Espírito Santo. Posteriormente, jogou no Náutico e Santa Cruz em Pernambuco, obtendo a artilharia máxima do campeonato pernambucano em 1981 com 38 gols pelo Santa Cruz, e em 1982 e 1983, ambos com incríveis 40 gols, atuando pelo Náutico. Fenômeno das redes! Conquistou o bicampeonato pernambucano em 1984 e 1985 pelo Náutico, realizando grandes partidas. Foi o rei do Nordeste. Jogou também no Fluminense do Rio de Janeiro, na Desportiva capixaba e no Central de Caruaru. Fez mais de 400 gols na carreira.

Não podemos nos esquecer do zagueiro Fontana, um jogador de muita garra, luta e determinação que jogou no Vasco da Gama, no Cruzeiro, na Desportiva, no Santo Antônio e no Rio Branco. Em 1970, Fontana conquistou a Copa do Mundo pela Seleção Brasileira, atuando ao lado de Tostão, Jairzinho, Rivelino, Clodoaldo e do rei Pelé.

O célebre Fontana é o único campeão mundial pela Seleção Brasileira que jogou pelo Rio Branco.

Outra marca incrível é que o glorioso técnico Vanderlei Luxemburgo conquistou o seu primeiro título de campeão estadual com a equipe do Rio Branco em 1983, abrindo definitivamente as portas para que se tornasse um dos maiores técnicos do futebol mundial.

***

O carismático Bizi disputou o campeonato brasileiro, que, na época, era um dos mais duros, fortes e competitivos do mundo, e atuou contra os melhores e mais requintados pontas do futebol brasileiro. Um aprendizado essencial para o lateral de ouro.

Bizi e Luís Carlos, por volta de 1976, quando jogavam pelo Rio Branco Futebol Clube, de Vitória-ES

Bizi era o lateral-esquerdo do Juventus e Luís Carlos Beleza, o lateral-direito, e os dois foram emprestados para adquirir experiência no Rio Branco. Dois amigos em um outro time, outra realidade e em um novo contexto. Ambos triunfaram.

Luís Carlos e Bizi em ônibus da equipe do Rio Branco indo para uma concentração

No ano de 1977, Bizi foi novamente emprestado, desta vez ao Barretos Esporte Clube, time tradicional e respeitado no interior paulista. O Barretos é natural da cidade de mesmo nome e nasceu da fusão do Barretos Futebol Clube com o Fortaleza Futebol Clube. Fundado em 15 de outubro de 1960, o seu apelido é "Touro do Vale".

A cidade de Barretos possui 130 mil habitantes e fica a 426 quilômetros de São Paulo. Povo hospitaleiro, educado e receptivo. A cidade tem a maior festa do peão de boiadeiro do mundo. Um espetáculo! A festa do peão e das montarias recebe os melhores montadores do mundo. Chamam atenção o folclore, os eventos musicais, as danças típicas, o estilo de ser, a vestimenta *country*, a estética, a gastronomia especializada e a beleza e simpatia da torcida. A juventude delira durante os onze dias de evento. A cidade não para um minuto e os moradores e empresários são muito requisitados. Foi nesta cidade que Bizi morou e jogou, demonstrando o seu potencial e a sua fibra.

Em 1977, o time do Barretos disputava a segunda divisão paulista. O campeonato da divisão intermediária sempre foi disputadíssimo, com espaços reduzidos, marcação individual e violência. Campos com gramados duros e esburacados, pressão da torcida com estádios diminutos que mais pareciam alçapões e árbitros nem sempre honestos. Naquele tempo, brigas campais eram comuns e sempre existia um valentão em qualquer lugar ou cidade com um 38 na cintura. Mas era um futebol levado a sério, com os seus defeitos e os seus méritos. Era o melhor e mais consistente preparo para o atleta adquirir experiência e maturidade, compreendendo a verdadeira e dura realidade de um jogador profissional, sem os mimos, os rios de dinheiro e a mídia bajuladora dos grandes times.

O time do Barretos tinha como técnico o competente Muca, e uma equipe determinada e segura. Desde a sua estreia, Bizi conquistou a torcida com a sua luta, empenho e dedicação. A imprensa sempre reverenciava a sua valentia e a sua marcação individual na ponta-direita, inclusive, marcando alguns gols com a sua arrancada pelo lado esquerdo e seu chute cruzado para o gol.

Os destaques daquele time do Barretos eram o armador Vílson Taddei e o ponta de lança Enéas.

O armador Vílson Taddei jogava com classe e estilo. Tinha visão de jogo apurada, habilidade no trato da bola e, de cabeça erguida, ditava o ritmo da equipe. Posteriormente, ele jogou no São Paulo e explodiu como craque no Grêmio de Porto Alegre, conquistando o campeonato brasileiro de 1981.

O rápido Enéas apareceu no Internacional de Limeira, atuou na Portuguesa de Desportos e no Santos da vila mais famosa do mundo. Na Portuguesa de Desportos, jogou ao lado do genial Enéas, o maior craque e talento da história da Portuguesa de Desportos. Como os dois tinham o mesmo nome, ele se tornou Enéas II. Contratado pelo gigantesco Santos de Pelé e Coutinho, se tornou Camargo.

Ele tinha velocidade, força na arrancada e sabia fazer gols. Raçudo e destemido, Camargo podia jogar em várias posições do ataque e sabia surpreender o adversário nos ataques pelos lados do campo. Sempre atento no jogo, fez vários gols pegando o rebote do goleiro adversário e as sobras de bola da defesa. Jogador de enorme utilidade e capacidade.

A experiência adquirida por Bizi defendendo o Rio Branco do Espírito Santo no campeonato brasileiro e o Barretos na segunda divisão paulista foi de suma e fundamental importância para que ele marcasse a história do Juventus como um dos seus maiores laterais-esquerdos e permanecesse por mais dez anos na equipe grená.

Equipe do Barretos E.C. Em pé, da esquerda para direita: Beto Prado, Roberto, Daniel, Jair, Plínio e Bizi. Agachados: Tadei, Enéas, Fiori, Gerson e Bispo

7

A vitória inesquecível - Juventus 3x0 Corinthians

A equipe do Juventus sempre foi uma força do futebol paulista, e ganhava com relativa frequência do Corinthians, do Palmeiras, da Portuguesa de Desportos, do Santos e do São Paulo. Era páreo duríssimo. Jogava ofensivamente com qualidade e confiança. Os tempos eram outros, e o futebol jogado com alma, amor e muita luta, valorizava o Brasil e engrandecia os clubes que possuíam ideal e tradição.

JUVENTUS 3x0 CORINTHIANS

Campeonato Paulista de 1981

Segundo turno – Primeira divisão

Data: 7 de setembro de 1981

Cidade: Sao Paulo

Estádio: Parque Antártica – Horário: tarde

Público pagante: 10.594 pessoas

Renda bruta: Cr$ 2.200.200,00

Árbitro: Ulisses Tavares da Silva Filho

Corinthians: Rafael, Lóti, Mauro, Taborda, Wladimir, Caçapava, Biro-Biro, Zenon, Carlinhos, (Gomes), Rui Rei, (Paulinho) e Joãozinho. Técnico: Julinho.

Juventus: Rafael, Nélson, Deodoro, Leiz, Bizi, Nedo, Mário, (César), Gatãozinho, Ataliba, (Trajano), Geraldo e Wilsinho. Técnico: Candinho.

Gols: Bizi aos 9 minutos e Ataliba aos 28 do primeiro tempo; Geraldo aos 43 do segundo tempo.

Cartão vermelho: Taborda aos 7 minutos do segundo tempo.

Cartões amarelos: Mário e Ataliba.

Nesse jogo, em uma tarde paulistana, o Juventus deu uma aula de futebol vistoso, ofensivo e repleto de jogadas de alto nível. Uma belíssima apresentação da equipe grená em pleno Parque Antártica. Um jogo antológico que constará eternamente nos livros de ouro da história juventina.

O adversário era o poderoso Corinthians que, ao longo de sua história centenária, se transformou em um dos maiores times de futebol do mundo, conquistando o Campeonato Paulista por 29 vezes, o Campeonato Brasileiro em 1990, 1998, 1999, 2005, 2011, 2015 e 2017, a Taça Libertadores da América em 2012, o Mundial Interclubes em 2000 e 2012, a Copa do Brasil em 1995, 2002 e 2009, o Rio-São Paulo em 1950, 1953, 1954, 1966 e 2002, entre outros.

O Corinthians e o Flamengo possuem as duas maiores torcidas do futebol mundial. O alvinegro do Parque São Jorge tem entre 30 e 40 milhões de torcedores espalhados pelo mundo. Um espetáculo de festa, fantasia, religiosidade, devoção e paixão.

Portanto, ganhar do Corinthians por esse placar elástico é um feito marcante para qualquer equipe, principalmente naquela época em que os craques permaneciam no Brasil. O Corinthians ficou sem ganhar do Juventus por quatro anos. Um tabu de quatro anos, no período em que Bizi jogou. Quem pode imaginar, nos tempos atuais, que o Juventus um dia conseguiu a proeza de ser carrasco do badalado Corinthians?

A equipe corinthiana tinha jogadores de grande valor em seu elenco e que viriam a marcar a sua história em conquistas futuras e, principalmente, no movimento mais justo, equilibrado e popular da história do futebol brasileiro, a denominada “Democracia Corinthiana”, em 1982 e 1983.

Com jogadores tarimbados, experientes e determinados, o Juventus dominou o meio de campo e impôs o seu ritmo de jogo. Com uma equipe homogênea e com valores individuais que decidiam as partidas, tudo transcorreu como deveria ser, causando uma esfuziante alegria nos seus torcedores. O Juventus pensava grande.

O primeiro gol do Juventus foi um golaço de Bizi. Ele recuperou a bola na sua zaga e partiu decidido e resoluto ao ataque, semelhante a uma flecha. Foi uma arrancada fulminante entrando em diagonal. Depois de tabelar com Wilsinho, chutou cruzado no canto do arqueiro. Indefensável. Um golaço de Bizi abrindo o caminho para a goleada inesquecível! O segundo aconteceu depois de uma jogada de Wilsinho, que cruzou com perfeição da linha de fundo na cabeça do goleador Ataliba. O Juventus jogava com inteligência e eficiência. Compactado e atacando no momento certo, dominava o jogo.

No final da peleja, o tiro de misericórdia. O rápido e hábil ponta-direita Trajano efetuou o cruzamento com perfeição, e o artilheiro Geraldo cabeceou com firmeza. Foi uma vitória maiúscula e avassaladora do Juventus.

O técnico Candinho comentou, logo após a partida: "O Juventus vem apresentando um futebol solidário e soube explorar a velocidade para criar as jogadas ofensivas. Nosso meio de campo esteve muito bem e conseguiu ganhar as jogadas, dificultando ao máximo para o adversário. Com esse domínio, as oportunidades surgiram e tivemos um bom aproveitamento. Acredito que foi uma partida movimentada e o placar acabou sendo justo, pois a nossa equipe teve mais iniciativa ofensiva".

Foi um jogo memorável que, mesmo já tendo acontecido há 36 anos, ainda é relembrado pelas pessoas.

O tempo jamais conseguiu apagar da memória dos torcedores o que representou e significou essa partida. Indiscutivelmente, foi uma das maiores vitórias da história do Juventus.

8

Os duelos com os pontas-direitas

Em sua longa carreira como jogador de futebol, o lateral-esquerdo Bizi enfrentou os maiores pontas do futebol brasileiro e mundial. Os nossos pontas-direitas eram hábeis, espertos, velozes, técnicos e corajosos. Sabiam utilizar a inteligência e driblavam maravilhosamente. Marcá-los era um terror. Dribladores natos e criativos, os pontas faziam a diferença. As pontas eram o espaço do campo onde estava a verdade do jogo. Lá os pontas decidiam o destino das partidas com a sua voracidade, força e ginga para chegar à linha de fundo e efetuar o cruzamento na área ou finalizar diretamente em direção ao gol.

O grau de dificuldade para marcar um ponta-direita daquela época era enorme. O futebol brasileiro tinha uma quantidade imensa de craques espalhados pelos clubes. O drible, a ginga e a finta de corpo eram valorizados e realçados pela mídia, torcida e entendedores de futebol. A parte tática vinha em segundo plano. Os pontas eram ágeis e não praticavam um futebol mecânico e engendrado taticamente como é feito nos dias atuais.

Os pontas eram os eleitos no quesito arte, irreverência e criatividade. Havia um manual artístico a se seguir para ser um ponta respeitado e admirado. Ser um ponta autêntico que chegava e buscava a linha de fundo representava a glória do futebol brasileiro.

Bizi, na sua carreira de 1974 até a década de 1990, jogou contra os melhores e mais talentosos pontas-direitas ou esquerdas que caíam pelo seu setor. No Palmeiras, jogou contra o maior velocista do mundo, o ponta-direita Edu Bala. Rápido, ótimo driblador e com um chute forte e direcionado.

Bizi em disputa de bola com o goleador Toninho do Palmeiras no ano de 1978

***

Edu Bala era o maior puxador de contra-ataques do futebol brasileiro. Contra-atacar o adversário era uma de suas especialidades. Velocidade, ofensividade e gols eram os seus instrumentos principais durante as partidas. Conquistou o Campeonato Brasileiro em 1972 e 1973 e o Paulista de 1972, 1974 e 1976, sendo um dos principais jogadores do time, com suas arrancadas sensacionais que levantavam a massa alviverde. Atuou na Portuguesa de Desportos, no São Paulo, Sport do Recife, Santa Cruz, Uberaba, Nacional de São Paulo, na Desportiva do Espírito Santo, no Marcílio Dias, São Carlense e Saltense da cidade de Salto. Atuou no Monterrey do México e no Universidad do Chile. Jogou na Seleção Paulista e Brasileira.

Jorge Antônio Putinatti, o popular Jorginho, atuou quase dez anos no Palmeiras e jogava de ponta-direita e ponta de lança. Técnica aprimorada, habilidade sutil de um meia e calma nos momentos mais importantes da partida. Um supercraque!

Jorginho brilhava com seus passes milimétricos, sua cadência talentosa de jogo e seus gols de placa. Uma das suas inúmeras virtudes eram os gols olímpicos. Um show à parte.

Sílvio, ótimo driblador e muito rápido, jogou pouco tempo no Palmeiras. Veio das categorias de base do clube.

Vaguinho, do Corinthians, era um ponta decisivo que fazia gols, cruzava muito bem e driblava com muita perícia e talento. Um ponta que jogou por dez anos no alvinegro de Parque São Jorge, vindo do Atlético Mineiro. Ivan, Rubens Nicola e Píter também jogaram no Corinthians e eram muito bons.

Lúcio, o maior ponta-direita da história da Ponte Preta e que também brilhou no Guarani e no Flamengo do Rio de Janeiro. Possuía rapidez, dribles longos e agressividade com a bola no pé. Cruzava com perfeição e fazia gols. O craque Capitão do Guarani, campeão brasileiro em 1978, foi um ponta que usava a racionalidade com talento, faro de gol e perfeita colocação para receber o passe. Jogava com habilidade e refinamento.

Zé Mário, do Botafogo de Ribeirão Preto, foi um ponta espetacular com todas as virtudes de um legítimo ocupante dessa posição. Foi o primeiro jogador na história do Botafogo a ser convocado para a Seleção Brasileira em 1977. Driblava com as duas pernas, fintava para os dois lados, inventava jogadas e fazia gols com requinte. Objetividade e qualidade. Nas suas arrancadas, levantava a torcida do Botafogo. Em 1977, conquistou o título de campeão da Taça Governador do Estado de São Paulo em pleno Estádio do Morumbi frente ao São Paulo, o principal título do Botafogo até os dias de hoje. Este menino de ouro nos deixou precocemente, ao falecer de leucemia no auge da carreira e no esplendor da juventude.

Vindo do América do Rio de Janeiro, havia o ponta-direita Antônio Carlos. Ele tinha habilidade, visão de jogo e raciocínio rápido; atuou na Portuguesa de Desportos, fazendo uma perfeita e entrosada dupla com o craque

Enéas. Ele ganhou a Bola de Prata de 1973 da revista esportiva *Placar*, a mais badalada do Brasil, pelas suas ótimas atuações no Campeonato Brasileiro.

A Lusa formou grandes equipes na década de 1970. Em uma dessas, no ataque, havia na ponta-direita o esperto, lépido e driblador Xaxá, lutando e correndo a partida toda.

Na ponta-direita da Portuguesa de Desportos e da Ferroviária de Araraquara, durante a década de 1980, jogava o ponta-direita Toquinho, que era rápido, valente e um excelente cruzador de bolas. Toquinho tinha um chute forte, sinuoso e direcionado; durante esse período travou grandes batalhas com o lateral Bizi.

No Internacional de Porto Alegre, jogava o excelente Valdomiro. Ponta decisivo com um chute potente, direcionado e calibrado. Sabia colocar a bola ou estufar as redes como uma bomba. Batia faltas com maestria e efetuava cruzamentos na cabeça dos centroavantes. Vários centroavantes de renome se consagraram com os seus cruzamentos que mais pareciam passes, de tão perfeitos. Flávio "Minuano" e Dario "rei Dadá" foram os dois artilheiros máximos do Campeonato Brasileiro em 1975 e 1976 que aproveitavam os passes e cruzamentos do craque Valdomiro na ponta-direita.

Valdomiro foi dez vezes campeão gaúcho e tricampeão brasileiro em 1975, 1976 e 1979. Disputou a Copa do Mundo de 1974 pela Seleção Brasileira e foi eleito o maior ponta-direita da história do glorioso Internacional de Porto Alegre.

Nesse mesmo período, jogou no Botafogo de Ribeirão Preto, São Paulo e Corinthians o ponta-direita Paulo César, apelidado de "Capeta". Era um ponta versátil, driblador e inteligente.

O atarracado, forte e guerreiro Lela do Noroeste de Bauru foi outro ponta-direita de ouro. Lela sabia proteger a bola, usando o corpo forte e musculoso, driblava em espaços curtos e fazia gols. Pelo Coritiba, foi campeão brasileiro em 1985 em uma final épica contra o Bangu.

Marinho, ponta-direita, jogou no Atlético Mineiro, América de São José do Rio Preto e se consagrou no Bangu sendo eleito o melhor jogador do campeonato brasileiro de 1985, recebendo a Bola de Ouro da conceituada revista *Placar*. O craque Marinho girava o corpo muito rápido, tinha calma para driblar e antevia o lance. Um ponta-direita imprevisível. Jogou também na Seleção Brasileira.

O Santos tinha o sempre inspirado Nilton Batata, contratado junto ao Atlético Paranaense. Nilton Batata era um ponta ofensivo que partia para a jogada individual, com habilidade e maturidade. Jogador que sabia o que fazer com a bola, e que no Santos formou com o goleador Juary e o ponta-esquerda João Paulo um dos maiores e mais rápidos ataques do futebol mundial no final da década de 1970.

O Guarani de Campinas, em 1976, tinha um ataque arrasador. Na ponta-direita, o valente e hábil Flecha, e, na esquerda, o habilidoso Ziza. Flecha jogava com fibra de guerreiro. Rápido, ágil, driblava bem e fazia gols com seu chute potente. Usava o corpo e encarava os seus marcadores. Jogador com espírito de luta. Jogou no Avenida de Santa Cruz do Sul, Grêmio, Flamengo de Caxias, Juventude e Brasil de Pelotas, todos do Rio Grande do Sul. Jogou no Coritiba e no América do Rio de Janeiro, fazendo uma ótima dupla pelo lado direito do campo com Orlando. Em 1976, foi convocado para a Seleção Brasileira pelo técnico Oswaldo Brandão.

Outro ponta lendário contra o qual Bizi jogou foi o aguerrido e ofensivo Natal, que brilhou na fase de ouro do Cruzeiro, na Seleção Mineira e Brasileira.

Jogando pelo São José, o rápido, veloz e marcador de gols, Edinho. Bizi e Edinho travavam grandes duelos em campo, sempre com lealdade e respeito.

No Botafogo de Ribeirão Preto, jogava o polivalente João Carlos Motoca, nas duas pontas com extrema perícia, inteligência e espírito de luta.

No São Paulo, o ponta-direita Terto fazia a diferença com a sua garra, espírito de luta e velocidade. Um gigante que lutava a partida inteira. Terto cruzava bem, fazia gols, driblava para a frente, marcava os laterais e puxava contra-ataques com malícia e picardia. Foi um dos mais importantes jogadores do tricolor paulista na sua época. Jogador que valia por mil.

Ainda no São Paulo, adquirido junto ao Grêmio, havia o ponta-direita Zequinha. Ofensivo, driblador e muito rápido. Experiente, descobria espaços em campo que ninguém vislumbrava e decidia as partidas pelo lado direito. Foi dele o passe-cruzamento para o rei Pelé fazer o gol em uma de suas despedidas da Seleção Brasileira, no estádio do Morumbi, diante da Iugoslávia.

O tricolor também contava com o ponta-direita Muller, com o seu futebol hábil, dinâmico, rápido e goleador. Foi um atleta inteligente e que se colocava perfeitamente em campo. Aprimorou-se durante a carreira e se tornou um dos melhores atacantes do futebol mundial. Símbolo do futebol brasileiro, é o maior conquistador de títulos da história do tricolor do Morumbi. Além do São Paulo, atuou no Palmeiras, Santos, Corinthians e na Portuguesa de Desportos, os cinco grandes. Disputou três Copas do Mundo, em 1986, 1990 e 1994. Na Copa do Mundo de 1994 foi campeão pela Seleção Brasileira.

Paulo Borges era a velocidade em pessoa. Um ponta-direita que partia em diagonal e batia cruzado. Ponta-direita com alma de ponta. Jogador que decidia as partidas com a sua habilidade, raça e visão de gol. Ponta artilheiro que sabia aproveitar as falhas das zagas e estufar as redes adversárias. No Bangu, conquistou o Campeonato Carioca em 1966. Artilheiro máximo do certame em 1966, com 16 gols, e de 1967, com 13 tentos. Nada podia deter a força e o talento afinado de Paulo Borges. Na Seleção Brasileira, jogou 20 partidas e fez 6 gols. Sua contratação custou ao Corinthians um milhão de cruzeiros na época. Sua aquisição foi a mais cara da história do futebol brasileiro. E ele sempre lutou e se arriscou em campo com as suas elétricas arrancadas. No alvinegro de Parque São Jorge, atuou em 266 partidas, totalizando 61 gols de 1968 a 1971 e 1974. Sempre educado, elegante, e com um sorriso nos lábios, Paulo Borges jogou contra Bizi e, quando acabou o jogo, o elogiou, dizendo que jogando daquele jeito e com aquela determinação ele iria longe.

Jonas Eduardo Américo, o popular Edu, foi um dos maiores jogadores do futebol mundial. Um gênio dos dribles curtos e da ginga de corpo concatenada e matreira. Jogava uma enormidade. Fazia o que queria com a bola nos pés. Intuitivo e criativo, destruía uma defesa inteira com sua ginga de corpo. Um mágico dos dribles invocados e inovadores. Não tinha medo de pancadas e tinha uma portentosa arrancada. Seu chute de canhota era uma potência e sua arrancada levantava o povo. Foi o jogador mais jovem a disputar uma Copa do Mundo em 1966, na Inglaterra; campeão do mundo em 1970; e jogou, em 1974, a sua última Copa do Mundo na Alemanha. No Santos, atuou de 1965 até 1976, com arte, classe, talento, coragem, improvisação e belos gols. Formou, com o rei Pelé, a melhor dupla de ataque do planeta. Falar do colossal Edu é lembrar de uma época em que o futebol brasileiro reinava soberano e encantava plateias no mundo inteiro. Edu, pelo Santos, também jogou contra Bizi e o elogiou afirmando que ele era um ótimo marcador e que certamente faria história no futebol.

***

O lateral Bizi sempre foi um excelente marcador que jogava sem violência. Jogador que não apelava e não utilizava de subterfúgios para levar vantagem. Jogava com firmeza e determinação, mas não esfolava vivos os pontas, como alguns laterais sem caráter que habitavam o nosso futebol e o futebol internacional. Homem digno, justo, e que sempre respeitou as leis sagradas do esporte. O seu objetivo era competir, lutar e vencer com lealdade, caso contrário, era melhor perder, mas manter a cabeça erguida.

Bizi foi um marcador que antecipava, desarmava com precisão e limitava o espaço, as criações e investidas dos pontas. Usava muito bem o jogo de corpo e sangrava em campo pela vitória. Raça e amor pelo futebol.

Em toda a sua carreira foi expulso uma única vez, depois de revidar uma cotovelada do ponta-direita do XV de Jaú.

Jogar contra todos esses pontas de grande poder ofensivo e qualidade individual é uma tarefa das mais árduas e difíceis, pois, geralmente, o ponta é quem tem a iniciativa da jogada. Para cada ponta, o marcador precisa ter um modo de pensar, antecipar e bloquear. Cada ponta tem um estilo, um cacoete e um jeito de conduzir a bola, aplicar o drible, posicionar o corpo, utilizar a arrancada e finalizar o gol. Ser um marcador é muito mais difícil do que pode parecer.

O lutador Bizi afirma com saudades: "Quase em sua totalidade, os adversários que enfrentei me elogiavam, dizendo que eu jogava futebol e não distribuía pancadas. Isso para mim é uma grande vitória".

O guerreiro Bizi ganhou muitas batalhas, perdeu outras tantas, mas sempre lutou e enfrentou essas feras com coragem, demonstrando o seu espírito de luta e a sua hombridade em cada disputa de lance, em cada dividida. A sua vida valeu a pena.

9

Na África com o Juventus

A África é o centro de equilíbrio moral e espiritual do planeta Terra. O Brasil precisa se reencontrar ética, intelectual e moralmente com o continente africano.

Brasil e África são o prolongamento do mesmo cerne, essência e sentimento divino; trajetórias eternamente ligadas pelos desígnios do destino imutável. Estão ligados, misturados e associados. Todo brasileiro deve saber que a África é a sua mãe e o seu pai. O Brasil é a memória, a linguagem e a simbologia africana. O espírito dos ancestrais brasileiros e africanos abençoam os povos do mundo.

A sensibilidade brasileira no tocar, pensar, olhar, viver, realizar e conduzir a vida nos foi ensinada pelo povo africano. No Brasil, o continente africano habita o coração do povo. As crenças espirituais, as religiões dos ancestrais e a arte estética com níveis de extrema criatividade corporificam a realidade africana.

A África e o Brasil possuem laços eternos e indissolúveis. Razão de ser, viver e pertencer.

***

Em janeiro de 1987, o Juventus, representando o futebol brasileiro, e os grupos Olodum e Ilê Aiyê, simbolizando a música rítmica, foram convidados para a festa da cultura "afro" que aconteceria em Benim, na África. Nesse evento, quem cuidou da parte cultural foi o grande compositor e cantor Gilberto Gil.

Gilberto Gil e Bizi no Benim, em janeiro de 1987

Benim é um país emblemático na África, com os seus 10 milhões de habitantes em uma área de 112.622 quilômetros quadrados, um povo encantador e extremamente receptivo. Foi uma alegria esse convívio de quinze dias entre os brasileiros e os moradores locais.

Benim é a antiga civilização de Daomé, berço das culturas nagô e iorubá. Está localizado quase espremido entre Nigéria, Togo e Burkina Faso. É constituído por um povo evoluído, que respeita as culturas estrangeiras, povo de personalidade, caráter e muita fibra, que ama a terra de seus antepassados e ancestrais e acredita no futuro com otimismo, visão crítica e sabedoria milenar. É um dos países economicamente mais pobres do mundo, mas com um forte sentimento de coletividade e grande capacidade de enfrentar a rotina difícil.

Antes da criminosa colonização francesa, o Benim possuía mais de sessenta grupos étnicos, com suas culturas, mitos, arquétipos, práticas ritualísticas e cultos monoteístas e politeístas. Uma conjunção complexa, que comprova a inteligência e a maturidade no modo de cuidar, proteger e manter as raízes sagradas. Com o passar do tempo, depois da expulsão dos dominadores franceses, o Benim voltou a coroar a sua liberdade religiosa de culto, veneração e aceitação de outras práticas com mais conhecimento e instinto de preservação, zelando, acima de tudo, pelo cuidado e proteção aos seus cultos e santos.

Bizi usando vestimentas locais no Benim

A religiosidade faz desse povo uma benção ao mundo. De sua população, 80% segue as tradicionais religiões locais, enquanto 10% são católicos e os outros 10%, muçulmanos. A liberdade religiosa é a sua marca mais gloriosa, profunda e substancial. Cada qual com a sua crença, seus costumes e seus folclores. Todos se respeitam e se entendem. Os idiomas mais falados são o francês, o iorubá, o massi, o fon, o fulani e o mine.

Quem conhece o Benim quer sempre voltar. A cidade de Porto Novo, capital do país, tem uma magia que encanta e motiva. No futebol, eles não conseguiram reinar em Copas do Mundo, por alguns motivos bem nítidos: a ditadura social e política; a administração precária e irresponsável de grande parte das federações de futebol; a dolorosa condição socioeconômica da maioria da população; a inexistência de investimentos estrangeiros nos campeonatos locais e nas categorias de base; o descaso da União das Associações Europeias de Futebol (UEFA) e a cooptação por parte da Europa dos jogadores mais talentosos.

Lateral-direito Jairo e Bizi no Benim

***

O brasileiro João Havelange, maior dirigente esportivo da história do futebol, um homem justo, honesto e correto, um *gentleman* do esporte, abnegado e com dedicação integral, fez do futebol o maior espetáculo da Terra. Propiciou a criação de milhões de empregos através do esporte, educou gerações e gerações de seres humanos, e formou um novo mundo com mais amor, respeito e solidariedade.

Havelange introduziu vários países africanos na Copa do Mundo. Ele propiciou o sonho e a vida esportiva a um continente esquecido pelo mercado globalizante. Em 2018, foram cinco seleções africanas classificadas para a Copa do Mundo da Rússia, sendo elas: Egito, Senegal, Marrocos, Nigéria e Tunísia.

O brilhante administrador João Havelange foi presidente da Confederação Brasileira de Desportos (CBD) conquistando por três vezes a Copa do Mundo, em 1958, 1962 e 1970, e montando uma nova estrutura na preparação da Seleção Brasileira. Em 1974, se tornou presidente da FIFA com todos os méritos possíveis. Um gênio que estava à frente de seu tempo. Um exemplo de cidadão e um modelo a ser seguido. O mundo jamais vai esquecer o que este símbolo de vitórias e conquistas fez para o desenvolvimento do esporte. Foi um gigante em todos os sentidos.

***

Na história dos craques nascidos na África que marcaram o futebol internacional estão presentes: Roger Mila, da Seleção de Camarões, despontando para o mundo no mundial de 1982, na Espanha, e de 1986, no México; George Weah, da Seleção da Libéria, que se consagrou no Milan da Itália, sendo eleito o melhor jogador do mundo em 1995; o camaronês Samuel Eto'o, do Barcelona; e o marfinense Didier Drogba, que brilhou no Chelsea. São quatro lendas da história do futebol africano e mundial.

***

O Juventus realizou duas partidas em Benim, contra a Seleção de Benim e contra a seleção dos mais destacados jogadores que disputavam o campeonato estadual, incluindo alguns estrangeiros; venceu uma e empatou a outra, honrando as cores e as tradições da camisa grená e do Brasil. Foram momentos muito bonitos de confraternização e amizade.

Bizi lembra com emoção e comenta, saudoso: "Foi a única excursão internacional que eu fiz. E foi justamente em um país do qual sou descendente. Fui muito bem recebido, acolhido e respeitado. Me senti em casa. É um povo sofrido, mas querido e amável. Existiam várias famílias com o meu sobrenome: Bento. Tenho meus antepassados e minhas raízes nesse lindo país. Tenho muito orgulho de poder ter pisado e jogado neste continente. Um dia ainda retorno para passear em Benim".

Bizi e os cidadãos locais no Benim

10

O rei Humilde

Existe uma história na Nigéria que fala sobre o rei Humilde. Mito, lenda, folclore, realidade, ou tudo isso ao mesmo tempo. Povo evoluído, com conhecimentos tradicionais e cosmológicos, os nigerianos se baseiam em contos, parábolas, fábulas e ensinamentos dos ancestrais para explicar e ensinar certas questões cotidianas. Utilizam o poder da ciência e os chamamentos religiosos para recriar o mundo.

É difícil dissecar o sentido da humildade na vida humana. Mas ela tem o seu poder, e isso é inquestionável. Esse poder trabalha em todas as frentes e âmbitos, atingindo o seu canal espiritual e moral na eternidade da terra. É uma palavra que denomina o tempo e as regências morais de um povo ou de uma nação. A humildade se perpetua com o desejo da prática do respeito e da comunhão entre os povos. Seria como uma cachoeira que nunca seca ou para de jorrar água, abrilhantando a vida e o destino de quem mergulha ou tem contato com essa água. A humildade é esclarecedora e elimina as conclusões precipitadas e os desvarios impostos pelo desejo de poder e domínio. A humildade é como um achado santificado. É o descobrimento do pergaminho da sabedoria milenar. A humildade é impecável por natureza e lisonjeadora por descendência, já que a sua providência é divina. A humildade é favorável à vida e ao entrosamento entre os seres humanos em todos os aspectos e sentidos.

O homem humilde está sempre preparado para o enfrentamento da realidade e das surpresas que a vida nos coloca. O homem humilde é mais forte e sabe utilizar a sua força. O homem humilde está com o seu raciocínio preparado para refletir sobre as questões primordiais que fundamentam as leis do sistema de produção e de acúmulo de capital. O homem humilde, que tem consciência, sabe analisar, estudar e acrescentar detalhes importantes ao desvendamento da alma humana. O homem humilde sabe que é humilde e estende a mão para amparar o mundo e o planeta, se for possível. O homem humilde tem entendimento de onde pode chegar e sobre qual caminho traçar.

A humildade é senhora do tempo e da vida. A humildade é irmã da generosidade. A generosidade é prima da educação. A educação é filha da bondade. A bondade é a mola mestra do mundo. A humildade nos ensina os caminhos a seguir dentro dos padrões do conhecimento interior. A humildade faz nascer os heróis inesperados que surgem dentro de um povo, aldeia, nação ou comunidade. A humildade combate a violência e promove arte na sua maior qualidade. Arte de enxergar, ver, ouvir, pensar e falar. A humildade é a única possibilidade para que a paz seja mantida na Terra.

O rei nigeriano com o nome próprio de Humilde acalmou povos, uniu rivais, perdoou inimigos, libertou os que estavam presos injustamente e fez do seu povo o mais feliz e realizado que já existiu, superando as histórias das civilizações de Atlântida e Lemúria.

O rei Humilde pregava e praticava a paz e o entendimento em todos os momentos e situações da vida do seu povo. Coroado, amado e respeitado como o maior rei da Nigéria, o rei Humilde criou, moldou e identificou um novo mundo e uma nova civilização.

No Brasil e no Ocidente, a humildade é tida como algo simplório e sem vida. É um juízo de valor insano, maldoso e formador de estigmas. Mas todos os grandes homens da história da humanidade eram humildes, justos e bondosos.

Tal como o rei Humilde da Nigéria, o Bizi do Juventus também é um rei de humildade. Em sua vida, em sua rotina diária e no futebol, Bizi sempre foi um professor de humildade em todos os sentidos que possamos pensar, refletir e analisar. É da sua alma abençoada, da sua excelente educação e do seu coração verdadeiro que sua luz brilha para o mundo. Durante a sua carreira, a humildade prevaleceu naturalmente em todas as situações.

No futebol brasileiro e mundial foi o mais humilde, acima de tudo, por grandeza de alma. Como jogador, era o mais regular, que sabia marcar com talento, jeito e determinação. Conhecia o sentido e o espírito do futebol.

Na religião católica também existe um santo conhecido como Humilde, que simboliza a bondade, o amor ao próximo, o sentimento de proteção aos mais necessitados e a preocupação em poder estabelecer a paz e a alegria entre os mais excluídos pelo sistema financeiro.

São Humilde nasceu na cidade de Bisignano (Cosenza) na Itália em 26 de agosto de 1582, com o nome de batismo de Luca Antônio. Tornou-se padre em 1610, dedicando a vida inteira ao amparo dos mais necessitados.

Era um conselheiro e professor de educação espiritual. Carregava a cruz de Cristo na alma e acolhia os pobres com uma dignidade ímpar. Compreendia a natureza da pobreza e os seus níveis e graus de dificuldade na rotina diária de um povo e de uma nação.

São Humilde trazia felicidade aos sofredores e maturidade espiritual aos seres humanos. Sonhava em ser uma cópia de Jesus Cristo.

Em toda a sua vida foi um modelo de dignidade e libertação, sonhando com um mundo mais justo e humano. Sua vida se resumiu em ajudar, apoiar e almejar a santificação de todo o planeta. As suas pregações transmitiam compreensão e entendimento sobre os problemas do homem e da sociedade. Com a sua linguagem autêntica, calma e natural, salvou almas e evangelizou milhares de seres humanos. Sua sabedoria não conhecia limites. Faleceu em 26 de novembro de 1637. Esse é o dia em que se relembra o seu exemplo de vida e devoção.

São Humilde é um libertador das virtudes humanas na Terra. Bizi carrega essa santificação dentro da alma.

11

Disputa pela posição lateral-esquerda do Juventus

As disputas pelas posições de titulares nas equipes de futebol são acirradas e compostas por muita luta e esforço. Ao longo da carreira, no dia a dia do treinamento, todo jogador de futebol profissional tem que enfrentar e conviver com essa disputa ferrenha e árdua. Isso sem contar a realidade da Seleção Brasileira. Tais disputas servem para demonstrar a qualidade do caráter e a paciência do atleta. Jogar em situações adversas pode ser mais tranquilo do que encarar essa disputa para ver quem joga e quem fica no banco, o que, em muitos casos, define o futuro do atleta. Parece simples para quem está fora do ambiente do futebol, mas é um momento em que o atleta tem que se dividir entre o seu potencial, o seu poder de decisão e a necessidade da equipe e, principalmente, manter o clima de camaradagem entre todos do mesmo time.

A competição é um divisor de águas na análise das qualidades morais de um homem. O indivíduo caminha entre a cruz e a espada, mas sempre tem o caminho da calma e da reflexão.

Somadas à competição estão as inúmeras contratações, empréstimos a outros times, subida de jogadores da base ao profissional, mudanças e adaptações de jogadores em outras posições determinadas pelo técnico, sem contar as lesões que podem deixar o atleta parado por um bom tempo, causando dificuldade em seu retorno ao ritmo de jogo. Além disso, cada jogador tem um mundo à parte dentro dele. Os jogadores possuem todos os tipos de personalidade, objetivos e mentalidades. Cada qual com o seu nome, sobrenome, suas convicções, inseguranças e realidades vividas. Tudo isso, somado à pressão pela vitória, pode levar o jogador de futebol a momentos de grande tensão.

***

Na sua carreira, Bizi disputou no Juventus a posição de titular da lateral-esquerda com inúmeros jogadores de valor. Foi titular, reserva, jogava ou ficava no banco, mas sempre com dignidade e respeito ao que era determinado pelo técnico.

O mais importante é que Bizi se tornava amigo de todos com quem disputava e lutava pela mesma posição. Torcia pelo sucesso dos outros e do time. Ele somava, participava, apoiava e vibrava. O mais importante era o ambiente sadio da equipe. Um exemplo e um modelo de ser humano.

No Juventus, com um período recorde de permanência no clube, dezessete anos de serviços prestados, deu sucessivos exemplos de respeito à torcida e à instituição juventina. Ainda sobre sua atuação, o jornalista Fernando Razzo Galuppo realizou uma pesquisa em que constatou um total de 258 partidas somente no Campeonato Paulista, o que torna Bizi o jogador com mais disputas no campeonato estadual, o qual tinha duração aproximada entre cinco e seis meses. Nos demais meses do ano, o Juventus nem sempre disputava o Campeonato Brasileiro. Geralmente, jogava o Torneio Paulistinha ou fazia amistosos pelo Brasil e, às vezes, alguma excursão. De acordo com minha pesquisa, somadas as 258 partidas do Paulista com as demais competições, Bizi atinge a marca de 307 jogos. Novo recorde!

Entre as décadas de 1970 e 1980 passaram pelo Juventus, na posição lateral: o talentoso Osmar, que foi contratado pelo São Paulo; Paulinho, lateral ofensivo, que apoiava o time com inteligência e teve uma boa passagem pelo glorioso Santos; Carlão, que veio do Palmeiras, possuía um chute forte e cruzava muito bem; Jaime Boni, que jogou no Flamengo, Palmeiras e Santo André, era forte, lutador e rápido no apoio. Esses laterais tiveram boa passagem pelo Juventus e Bizi ficou na suplência por pouco tempo durante a atuação desses jogadores. Mas o mais dignificante é que ele sabia fazer amizades e trabalhava em benefício do time.

Bizi criava a sua própria história com a bandeira da honra, da lealdade e do compromisso com o clube que sempre amou. Indiscutivelmente, ele merece uma estátua em bronze na rua Javari.

Bizi jogando pelo Juventus, contra a Portuguesa de Desportos, em 1978. Ao fundo, à esquerda, o genial e inesquecível Enéas

12

Final de carreira no Juventus

O fim de carreira de um jogador de futebol é doloroso, seja para o mais famoso ou o mais anônimo, para o que jogou em times de comprovada tradição ou para o que atuou em equipes sem *status*, porte e mídia. Não importa o que o jogador conquistou ou sonhou, perdeu ou chorou, a dor do término, o tempo exaurido e a interrupção de uma rotina mental e física não é tão simples quanto parece. Há o atleta que sai praguejando o futebol, o que deixa o futebol por contusões graves, há o outro que não se fixa em time algum e encerra a carreira por não ter mais perspectivas de chegar a um clube de renome. É comum os que se cansam dos treinamentos exaustivos e das pressões, os que se desiludem por motivos além do campo, os arrependidos, os gênios incompreendidos que não aceitam a ditadura da idade e inúmeras outras formas de lidar com o final da carreira. Cada jogador sente a seu modo a dor do fim.

Encerrar a carreira de jogador profissional é morrer um pouco a cada dia, mas ressuscitar rapidamente no recomeço de um novo sonho. É renascer mais vivo do que nunca. É saber e entender o que o futebol trouxe de bom. É sentir que a alma sai fortalecida e preparada para os novos desafios da existência humana. O encerramento da carreira requer preparo e maturidade. Milhares de jogadores de futebol quando encerram a carreira não conseguem se enquadrar novamente na sociedade e perecem tristemente na vida, vivendo na exclusão e no abandono. Recomeçar sem o palco e os louros da vitória é um problema ainda indissolúvel e indecifrável. O futebol e o jogo podem maltratar o atleta até a morte física e espiritual. É um labirinto onde o Minotauro está sempre à espera da próxima vítima. Mas também há os atletas que conseguem viver com muita alegria e prazer, curtindo as lembranças do passado.

Na dissertação de mestrado *Além dos Gramados: História Oral de Vida de Negros no Futebol Brasileiro (1970-2010)*, de Marcel Diego Tonini (Departamento de História, FFLCH-USP, 2010, p. 92), o jogador comenta o seu sentimento na saída do Juventus:

Fiquei bem triste, viu! Eu me senti como se estivesse saindo de casa e tendo que levar a vida sozinho, fora do ambiente familiar. Foi o mesmo sentimento que tive quando saí da casa dos meus pais para seguir a minha vida e construir a minha própria família. Até porque, na época tinha pessoas no clube que eram muito apegadas a mim e que me consideravam demais. Não como atleta, mas como homem. Metade da minha vida passei lá e não foi fácil não. Afinal, 17 anos não são 17 dias ou 17 meses. É uma vida, praticamente. Não saí derrotado, sabe? Saí feliz por ter permanecido todo esse tempo.

Foi no Juventus onde aprendi o que sei da vida. O aprendizado começou lá. É isso que eu lembro. É claro que as pessoas que vão no clube hoje não são obrigadas a saber e entender isso. Mas aqueles que são da minha época entendem e conversam bastante comigo. Foi uma fase que vivi na minha vida e soube aproveitar muito bem. Até hoje, por incrível que pareça, tiro proveito de todas as passagens. Costumo falar: 'As únicas boas heranças que o Juventus me deixou foram o conhecimento, o aprendizado e o direcionamento'. Não só na vida de atleta, do início ao final da carreira, mas na vida pós atleta também. Tudo isso aprendi lá dentro nos anos que fiquei no clube.

Por isso que o Juventus faz parte da minha vida. É uma coisa que não vou poder apagar da minha vida. Não dá para esquecer. Não tem como, porque se o clube não tivesse me dado a oportunidade, não teria me projetado no meio do futebol profissional. E isso em uma época muito difícil, quando tinham muitos atletas bons de bola, famosos... Consegui me destacar no meio desse pessoal todo.

Isso é uma coisa que ficou marcada e que sempre vou lembrar e comentar com as pessoas. Basta ver nas conversas que tenho com colegas, torcedores e aqueles que acompanharam a minha carreira. Por isso que até hoje eu continuo vivendo o Juventus, só que de uma outra forma. Quando converso com essas pessoas, pela maneira que me tratam, pelo carinho que têm comigo, fico imaginando que na cabeça delas eu ainda sou aquele Bizi, o atleta do Juventus que elas conheceram. E isso é bom demais.

Bizi continua com o mesmo sentimento e amor eterno pelo Juventus e pelo povo brasileiro. Definitivamente, ele é um exemplo e um modelo de vida e de respeito ao ser humano.

Naturalmente, nos seus afazeres diários e na sua rotina, Bizi quase sempre veste a camisa do Juventus, mesmo tendo se passado mais de trinta anos desde a sua saída da equipe da Mooca.

13

Ituano, União de Mogi, técnico e professor de educação física

Do amado Juventus, Bizi foi contratado para jogar no simpático Ituano da cidade histórica de Itu, a 100 km de São Paulo. Em sua primeira partida na nova equipe, em um jogo contra o Taubaté, o imprevisto e o infortúnio bateram na sua porta. Em um carrinho por trás do adversário, Bizi quebrou a perna. A fratura machucou a todos os torcedores presentes no jogo e tirou o craque de ação por quatorze meses. Operado com eficiência e consideração, e de forma gratuita, pela equipe do humanista e solidário médico Marco Aurélio Cunha, recuperou-se plenamente e voltou a praticar o seu melhor futebol com o mesmo entusiasmo e desempenho de antes, sem nenhum tipo de limitação.

Ressurgido para uma nova vida que se descortinava, contratado pelo União de Mogi, atuou por mais dois anos na equipe vermelha e branca, demonstrando toda a sua velha e conhecida raça de guerreiro. No próprio time começou a carreira como técnico das divisões de base, passando para auxiliar técnico e, posteriormente, técnico. Nesse período, formou-se em Educação Física na Universidade de Mogi das Cruzes.

Time do União F.C. de Mogi em jogo contra o Central Brás em 1990. Bizi está em pé, é o segundo da esquerda para a direita

Time do União F.C. de Mogi das Cruzes em 1991. Bizi é o primeiro em pé, da direita para a esquerda

Bizi e colegas do curso de Educação Física na Universidade de Mogi das Cruzes

Bizi na colação de grau do curso de Educação Física na Universidade de Mogi das Cruzes

No União de Mogi jogou por dois anos e foi por sete funcionário do clube, totalizando nove anos na mesma equipe. Interinamente, exerceu a função de técnico inúmeras vezes. Como auxiliares, teve Borba Filho, Oscar Amaro, Waldir Peres, Gérson Andreotti, Zé Carlos, craque do Cruzeiro das décadas de 1960 e 1970, entre outros técnicos de experiência e importância.

Em sua carreira de treinador revelou vários jogadores, entre eles o artilheiro Grafite, campeão mundial e da Libertadores da América pelo São Paulo em 2005 e destaque em todos os times que jogou. Pela Seleção Brasileira, esse jogador disputou a Copa do Mundo de 2010 e é glória imortal.

Bizi como técnico em agosto de 1992

No União de Mogi, Bizi jogou ao lado do pai do fantástico e genial jogador Neymar, que brilhou intensamente no Santos, Barcelona, Paris Saint-Germain e na Seleção Brasileira. Neymar é um dos jogadores mais criativos e talentosos da história do futebol mundial. Indiscutivelmente, um gigante do futebol. Feliz de quem pode ver Neymar jogar. Seu pai também tem o nome de Neymar e era um ótimo jogador, inteligente, driblador e rápido. Ele é um pai espetacular, sério e amigo. Bizi também foi seu técnico.

A postura de Bizi continuava com a mesma retidão de sempre. Todos os técnicos que por lá passaram sempre citavam a sua qualidade moral e a sua dignidade. O eterno homem de confiança de toda a comissão técnica.

Bizi como preparador de goleiros do União F.C. de Mogi das Cruzes, em 1994

Aprimorando e lapidando mais ainda o seu trabalho e lidando com outras realidades que se avizinhavam, nosso eterno lateral-esquerdo seguiu a carreira de técnico em outras equipes, tais como: Barueri, nas categorias de base, e no profissional do Itaquaquecetuba, União de Suzano, Comercial de Tietê e Auto Esporte da Paraíba.

Sempre trabalhando com empenho e dedicação, deu aulas nas escolinhas para adolescentes na Associação Craques de Sempre de 2008 a 2011, Escola Talentos da Lusa de 2008 a 2011, e de 2012 a 2018 esteve na escola Chute Inicial Corinthians Pirituba. O sonho de Bizi é um dia cuidar da base do Juventus, com toda a sua experiência e talento. Sonho simples de um rei Humilde.

Bizi com sua turma de alunos na escolinha de futebol

Bizi premiando os alunos com medalhas

Bizi com sua turma de alunos na escolinha de futebol

Bizi com sua turma de alunos na escolinha de futebol

14

PERGUNTAS E RESPOSTAS

Sempre inteligente, sucinto e direto nas respostas, Bizi tem uma postura determinada por sólidos valores morais, conhecimento e comprometimento com a realidade. Um ser humano que preza a amizade e as convicções, sem ser radical ou senhor absoluto da verdade. Saber dialogar e debater qualquer assunto é um dos princípios da arte, da vida eterna com Deus e do prosseguimento dos sonhos. Franco e autêntico com o compromisso inaudível da verdade, é um cara sensacional. Falante e amigo mesmo de quem não conhece, faz naturalmente de uma simples conversa ou bate-papo uma satisfação contínua.

Educadíssimo, fala a verdade com jeito e leveza, sem imposições e sem ferir as pessoas. Maleável e fino, tem opinião balizada e aglutinadora, e sabe respeitar os outros, de todas as formas e meios. Ele possui vivência, experiência e sabedoria para responder das perguntas mais simples até as mais complexas com o seu estilo harmonioso.

Eu perguntei com simplicidade e Bizi respondeu objetivamente, sem pedantismo ou rebuscamento. As perguntas e respostas transcorreram sem dilemas ou enfoques maniqueístas. Naturalidade é a palavra adequada e que representa o nível de uma entrevista feita com a descontração de dois amigos, sem perder a dimensão e a abrangência da comunicação. Tivemos uma conversa serena, verdadeira e representativa.

Pergunta: O que representou e significa o Juventus em sua vida?
Bizi: Muito importante, foi o clube que me colocou no mundo do futebol.

P: Como conseguiu ser recordista de partidas na história de um clube tão importante e tradicional?
Bizi: Foi tudo acontecendo naturalmente. Uma dádiva de Deus. Jogava por amor.

P: Qual a diferença do futebol do seu tempo e o atual?
Bizi: Muito diferente, tanto na parte técnica, física e tática. Mas as contusões eram mais frequentes e a violência era uma realidade. E eu fui uma das vítimas.

P: Qual foi a pessoa mais importante na sua vida?
Bizi: Primeiro meu pai, minha mãe; Senhor José e Dona Terezinha, depois minha esposa Claudete.

P: Como é ser torcedor do time do Juventus?
Bizi: É diferente. É especial. Não tem explicação.

P: Você jogava por amor ao Juventus, me explique essa paixão.
Bizi: O Juventus fazia parte da minha vida e do meu dia a dia. Joguei por amor à camisa e amor pelo clube.

P: Se você pudesse voltar no tempo, faria tudo outra vez?
Bizi: Faria tudo da mesma forma e do mesmo modo.

P: Qual foi o maior ponta-direita que você enfrentou?
Bizi: Vaguinho, ponta-direita do Corinthians. O drible dele era desconcertante.

P: Tirando o rei Pelé, que é um mito e está acima de todos, qual foi o melhor jogador com quem você jogou, no mesmo time ou contra?
Bizi: O genial Roberto Rivelino.

P: Você é um dos jogadores mais honestos e decentes do futebol brasileiro e mundial. Reflita sobre isso.
Bizi: Tudo que aprendi de bom, devo ao futebol. O futebol ensina. É uma verdadeira escola.

P: O que falta ao futebol brasileiro?
Bizi: Organização e respeito ao jogador profissional de futebol.

P: Você tem saudades da época em que jogava?
Bizi: Muitas saudades. Gostaria de voltar no tempo, mas isso é impossível.

P: Como eram os seus resultados obtidos nos testes físicos?
Bizi: Sempre dentro do limite esperado.

P: Sua carreira no futebol foi mais de alegrias, tristezas, ou manteve uma boa média?
Bizi: Procurei sempre manter o equilíbrio em qualquer situação ou momento.

P: Em um time, o bom ambiente fora de campo pode influenciar positivamente dentro dele?
Bizi: A amizade sempre ajuda e, como diz o ditado popular: "Conselho não tem idade".

P: Qual o ponta-direita que você enfrentou que era difícil vencer em uma disputa corpo a corpo pela posse de bola?
Bizi: Meu amigo Edu Bala, do Palmeiras. Era veloz, driblador e batia muito forte na bola.

P: O que é necessário e fundamental para ser um eficientíssimo lateral-esquerdo?
Bizi: Obediência tática e conhecimento da posição.

P: Como era o sentimento dos jogadores juventinos na sua época em relação à imprensa que só valorizava e dava espaço na mídia aos clubes de maior torcida?
Bizi: Eram raras as vezes em que recebíamos elogios por um bom resultado.

P: O que é um sonho para o jogador de futebol profissional?
Bizi: Realização de uma carreira difícil. Sonhar é viver.

P: Você teve algum jogador em quem se inspirou? Com qual lateral-esquerdo você mais se identificava?
Bizi: Wladimir do Corinthians era um lateral completo e em quem eu sempre me inspirei.

P: Qual o legado de Bizi para o futebol?

Bizi: Saúde, vida, família, amizades e educação. Eu tive um grande aprendizado durante toda a minha carreira.

Bate-bola

Apelido: Bizi
Nome: Carlos Roberto Bento
Data de nascimento: 17/05/1955
Altura: 1,72 metros
Peso: 70 quilogramas
Chuteira número: 40
Marca da chuteira: Adidas
Ídolo de infância: Rei Pelé
Ídolo atual: Neymar
Exemplo de vida: Família é tudo
Clube de infância: Santos, por causa do Pelé
Cor preferida: Vermelho
Marca de tênis: Adidas
Roupa preferida: Esportiva
Comida: Arroz, feijão e bife
Sobremesa: Sorvete
Posição em campo: Lateral-esquerdo
Hobby: Passear com a esposa Claudete
Melhor time que viu jogar: Santos de Pelé
Filme predileto: *Ghost: do Outro Lado da Vida*
Revista: *Placar*
Livro: Biografias
Jornal: ontem, *Gazeta Esportiva*; hoje, *Lance*
Gênero musical: Samba e música romântica
Cantor brasileiro: Bezerra da Silva
Cantora brasileira: Marília Mendonça
Cantor ou banda estrangeira: Bee Gees

Cantora estrangeira: Diana Ross
Programa de TV: *Zorra Total*
Ator brasileiro: Lima Duarte
Atriz brasileira: Fernanda Montenegro
Ator estrangeiro: Morgan Freeman
Atriz estrangeira: Sharon Stone
Programa esportivo: *Mesa Redonda*, da Gazeta
Comediante: Chico Anísio
Narrador inesquecível: Fiori Gigliotti
Comentarista: Wanderlei Nogueira
Árbitro: Antônio de Pádua Sales. Ele chamava os atletas de "senhor"
Clubes como jogador profissional: Juventus, Barretos, Rio Branco, Ituano e União de Mogi
Animal de estimação: Cachorro
Qual a sua marca registrada no futebol: Regularidade
Fruta: Banana
Bebida: Cerveja preta
Suco: Laranja
Lugar preferido para passear: Parque do Ibirapuera
Time do coração: Juventus
Religião: Católica
Partido político: Nenhum
Primeira posição a atuar: Ponta-direita
Diversão predileta: Estar com a família e com os amigos
Santos de devoção: São Judas e Nossa Senhora Aparecida
Melhor cidade para viver: Santos
Técnico na base: Clóvis Nori
Técnico no profissional: Milton Buzzeto
Melhor gramado na época: Morumbi
Melhores amigos no futebol: Tenho uma infinidade deles, mas vou citar quatro: Oscar Amaro, Deodoro, Raudinei e Gatãozinho
Se não fosse jogador, o que gostaria de ser: Fisioterapeuta

Bizi em comemoração

Bizi, Edmundo de Lima Filho (ex-árbitro de futebol) e Carlos Alberto na Granja Comary em 2010

Bizi, Carlos Alberto, Dadá Maravilha, Lucy e Edmundo na Granja Comary em 2010

Edmundo, Lucy, Bizi e Carlos Alberto na Granja Comary em 2010

Em 2003, Bizi ao lado do zagueiro Juninho, que atuou na Ponte Preta, no Corinthians, Juventus e na Seleção Brasileira na Copa de 1982

Bizi e a esposa Claudete

Bizi e Dudu, o eterno craque palmeirense

FSC
www.fsc.org
MISTO
Papel produzido a partir de fontes responsáveis
FSC® C132240

A marca FSC® é a garantia de que a madeira utilizada na fabricação do papel deste livro provém de florestas que foram gerenciadas de maneira ambientalmente correta, socialmente justa e economicamente viável.

Esta obra foi composta em CTcP
Capa: Supremo 250g – Miolo: Pólen Soft 80g
Impressão e acabamento
Gráfica e Editora Santuário